祛魅
——五个经典童话的后现代女性主义改写

Disenchantment: Postmodernist Feminist Rewriting of Five Classic Fairy Tales

穆杨 著

本专著是笔者所主持的国家社科基金青年项目"当代英美小说中的改写现象研究"（项目号："12CWW023"）的阶段性研究成果，同时受到中央高校基本业务费支持下的北京语言大学"中国视野下的英语国家语言文化教学与研究创新平台"（项目号："18PT04"）的资助。

知识产权出版社

全国百佳图书出版单位

图书在版编目（CIP）数据

祛魅：五个经典童话的后现代女性主义改写／穆杨著．—北京：知识产权出版社，2018.6
ISBN 978-7-5130-5637-3

Ⅰ．①祛… Ⅱ．①穆… Ⅲ．①童话—文学研究—世界 Ⅳ．①I106.8

中国版本图书馆 CIP 数据核字（2018）第 127355 号

责任编辑：刘 睿 刘 江　　　责任校对：谷 洋
封面设计：张 冀　　　　　　　责任印制：刘译文

祛魅
——五个经典童话的后现代女性主义改写
穆杨 著

出版发行：知识产权出版社 有限责任公司	网　址：http://www.ipph.cn
社　址：北京市海淀区气象路50号院	邮　编：100081
责编电话：010-82000860 转 8344	责编邮箱：liujiang@cnipr.com
发行电话：010-82000860 转 8101/8102	发行传真：010-82000893/82005070/82000270
印　刷：北京九州迅驰传媒文化有限公司	经　销：各大网上书店、新华书店及相关专业书店
开　本：880mm×1230mm　1/32	印　张：7.75
版　次：2018年6月第一版	印　次：2018年6月第一次印刷
字　数：206千字	定　价：40.00元
ISBN 978-7-5130-5637-3	

出版权专有　侵权必究
如有印装质量问题，本社负责调换。

献给母亲

目 录

绪　论 ································· 1

第一章　《白雪公主》——魔镜与"权力之眼" ············ 41
　第一节　魔镜意象及变体与"权力之眼"的曝光 ········ 48
　第二节　白雪公主与"权力之眼"的规训 ············ 64
　第三节　王后与"权力之眼"的惩罚 ··············· 74

第二章　《灰姑娘》——水晶鞋与削足适履 ············· 85
　第一节　"灰"姑娘的转变 ····················· 93
　第二节　仙女教母的"帮助" ··················· 104
　第三节　水晶鞋的隐喻 ······················· 109
　第四节　舞会与婚姻市场 ····················· 115

第三章　《小红帽》——小"红"帽与力比多禁忌 ········ 123
　第一节　红色的帽子、狼、问答仪式的象征含义 ······ 131
　第二节　小红帽的"诡计" ···················· 137
　第三节　强悍的外婆和缺位的猎人 ··············· 145

第四章　《睡美人》——棘墙刺壁内的囚禁与重生 ········ 153
　第一节　如果睡着的是丑姑娘 ··················· 162
　第二节　作为歇斯底里症状的睡眠 ··············· 165
　第三节　西洋镜中的骷髅王子 ··················· 170
　第四节　小裁缝与睡着的王子 ··················· 175

1

第五章 《蓝胡子》——血色密室里的焦虑与暴力 ………… 179
第一节 暴力恫吓与英雄母亲 ……………………………… 189
第二节 "爱德华熊"的心之密室 …………………………… 196
第三节 关于写蓝胡子的故事的故事 ……………………… 200
第四节 "蛋"的意象与意义延异 …………………………… 207
结　论 ……………………………………………………… 213
参考文献 …………………………………………………… 219

绪 论

绪　论

　　火炉里跳动的小悲欢，微风里流传的好故事，记忆中永恒的真善美——这是经典童话留给人们的普遍印象。

> 孩子，你纯洁的眉宇没有愁云，
> 你梦幻般的眼睛充满好奇！
> 尽管时光飞逝，你和我
> 年龄相差一倍，
> 但你满是欣喜的笑脸，一定会欢呼
> 童话，爱的礼物。
> ——刘易斯·卡罗尔《爱丽丝镜中奇遇记》序诗❶

　　德国诗人席勒（Egon Schiele）曾说："更深的意义寓于我童年听到的童话故事中，而不是生活教给我的真理中"。❷查尔斯·狄更斯（Charles Dickens）认定，"小红帽是我的初恋。我想要是我能娶小红帽为妻，就会知道什么是完美的幸

---

　　❶ 序诗见 CARROLL L. Alice's Adventures in Wonderland and Trough the Looking-Glass And What Alice Found There［M］. Ed. HUNT P. Oxford：Oxford UP，2009：116.
　　引文原文：
　　Child of the pure unclouded brow
　　And dreaming eyes of wonder!
　　Though time be fleet, and I and thou
　　Are half a life asunder,
　　Thy loving smile will surely hail
　　The love-gift of a fairy-tale……
　　❷ 席勒. 皮柯洛米尼父子［G］//张玉书选编，张玉书、章鹏高，译. 席勒文集·戏剧卷. 北京：人民文学出版社，2005：424.

福"。❶沃尔特·本雅明（Walter Benjamin）认为童话不仅在人的一生中，也在人类历史中扮演着重要角色，"童话是孩子们的第一任导师，因为它曾经也是人类的第一任导师"。❷W. H. 奥登（W. H. Auden）断言："西方文化建立在为数不多的一些人人熟知的书籍之上。童话正是其中之一，其重要性绝不亚于圣经。"❸

精灵、仙女、小矮人、女巫、巨人、龙、大海、太阳、月亮、天空、大地、树木、鸟儿、水、石头、葡萄酒、面包，各种各样的人仿佛都有魔法，令人着迷。童话是如此贴近人的原始本能，纠缠着幻想、不安、焦虑和欲望。童话为人们描绘出通往财富、权力、浪漫之路，也帮助人们走出内心的迷暗森林。童话的枝蔓蜿蜒到当代西方社会生活的各个领域——从诗歌到小说、从歌剧到芭蕾、从绘画到时装设计、从电影到广告、从高雅艺术到波普文化，成为一种可观的文化现象。

一位母亲给自己的女儿读着格林童话，她惊讶地发现自己原来生活在一个被童话包围的世界。她对自己女性身份的看法也并没有离开儿时听过的故事。童话的原型已刻写在人类生活的各个历史片段，深深烙印在千千万万个女性的脑海，塑造着她们对于自己人生的想象。人们对这些故事一笑

---

❶ DICKENS C. A Christmas Tree [J] //Household Words: A Weekly Journal (21 December 1850): 291.

❷ BENJAMIN W. Illuminations [M]. Ed. ARENDT H. Trans. ZOHN H. Glasgow: Collins, 1977: 102.

❸ AUDEN W. H. In Praise of the Brothers Grimm [J]. The New York Times Book Review, 1994 (12): 1.

置之，认为是简单至极的善意谎言。确实很少有人认为童话的世界是真实存在的，但也很少有人认为童话所传递的文化信息是虚假的。这些信息是那么吻合大众的价值取向，那么奖善惩恶、大快人心，那么能够满足人们的幻想。

"童话"的误译

那么，如此富于魅力的童话究竟从何而来呢？"童话"一词的英文为"fairy tale"，这个英文名称实际是一个误译。德国的格林童话译入英语时，德文的"Märchen"一词被译成了法国17世纪流行的一种体裁"conte de fees"，意思是关于仙女和其他超自然生灵的故事，因此英文的童话是"fairy tale"（"仙女故事"）。民间故事研究者在指代这一体裁时使用的是更为谨慎的德语词汇"Märchen"，意思是"奇异故事"，包含"幻想和魔法"成分，发生在"很久很久以前"。❶ "Märchen"包括魔幻故事、奇人异事、幽默故事、动物故事、圣者传奇、宗教故事等叙述种类。❷ 又由于译入中国时格林童话等经典已从民间文学研究的学术著作变成儿童文学经典，所以才有了中文"童话"一称。由此看来，无论是英语的"fairy tale"还是汉语的"童话"都很容易误导读者使其认为这类故事从一开始便是天真无邪的儿童读物，充

---

❶ PHILIP N. Creativity and Tradition in the Fairy Tale [A] //Eds. DAVIDSON H. E., CHAUDHRI A. A Companion to the Fairy Tale. Cambridge: D. S. Brewer, 2003: 39.

❷ ROEMER D. M., CRISTINA B. Introduction [A] //Eds. KOEMER D. M., BACCHILEGA C. Angela Carter and Fairy Tale. Detroit, Michigan: Wayne State UP, 2001: 8.

满着真善美的教益。然而这与事实并不相符，这还要从童话的起源说起。

童话的历史

童话起源于何时呢？这几乎是个永远没有确切答案的问题。但毫无疑问的是童话开始于口头文学，可以追溯到远古时代，是人们集体无意识的一种体现方式。民间故事原本是在孩子上床睡觉之后，农人们聚在一起讲的故事，因此措辞非常自由，且并不介意有暴力描写和性暗示。这样的故事经常与下层阶级、口头知识、非官方文化、原始知识相联系。但也必须承认童话成为现代话语的一部分与它的书面化和经典化有密切的关系。一些学者以田野调查和文献追溯相结合的方式提出"历史上口头的和书面的童话故事一直是互相交织渗透的"。[1] 也就是说，我们今天所熟悉的童话实际上是童话书面化的结果。童话的书面形式主要经历了法国佩罗、德国格林兄弟、丹麦安徒生、英国维多利亚时期、现代阶段[2] 和后现代阶段。但如今家喻户晓的经典童话有两个最重要来源——佩罗童话和格林童话。

---

[1] PHILIP N. Creativity and Tradition in the Fairy Tale [A] //Eds. DAVIDSON H. E., CHAUDHRI A. A Companion to the Fairy Tale. Cambridge: D. S. Brewer, 2003: 40.

[2] 艾莉森·路瑞（Alison Lurie）编辑的《牛津现代童话故事》（1993）收录了1839~1990年的40个现代童话故事。包括的作家主要有霍桑、狄更斯、王尔德、维多利亚时期"圣贤"拉斯汀、乔治·麦克唐纳等人，还包括优秀的儿童文学作家，如《OZ国历险记》的作者弗兰克·鲍姆，《小熊维尼》的作者富·安斯提等。详见 LURIE A. The Oxford Book of Fairy Tales [M]. Oxford: Oxford UP, 1993.

法国作家夏尔·佩罗（Charles Perrault，1628～1703）1697年出版了《寓有道德教训的往日故事》（*Tales of Times Past with Morals*），也称《鹅妈妈的故事》。❶ 这本书体量很小，只有8篇故事，但篇篇经典，至今备受欢迎，包括《灰姑娘》《睡美人》《小红帽》《小拇指》《树林里的李基》《穿靴子的猫》《小仙女》《蓝胡子》。佩罗童话的影响远远超出了法国国界，成为启发世界各国艺术家创作灵感的源泉。这部作品被译成多种文字，对后世的法国和欧洲儿童文学产生了深远影响。德国童话作家格林兄弟和小说家泰克、比利时作家梅特林克，以及意大利作家科洛迪的创作，都在不同程度上受到它的启发。

　　佩罗童话与其说是民间产物，不如说是17世纪法国宫廷沙龙文化的产物。佩罗出生于中产阶级律师家庭，得到法国国王路易十四的赏识，是当时处于文化中心的知名知识分子，法国学士院院长。他的每一则故事都旨在阐释当时宫廷的道德观。17世纪的贵族婚姻都是父母为自身的社会地位和经济利益而安排，父母（尤其是父亲）对女儿的婚姻有独断的权力。女性成为婚姻交易中的商品，而贞洁是婚姻买卖中的重要条件和筹码。佩罗的女主角们都是贵族中善良温柔的女性。他的忠告实际上不仅给小女孩，还给那些受过良好教育的贵族女性，提醒她们一些上流社会活动的危险，告诫她们要贞洁。❷ 但佩罗童话的影响已远远超越了他的时代。童

---

❶ 夏尔·佩罗. 鹅妈妈的故事［M］. 张小言，译. 上海：上海译文出版社，2012.

❷ ORENSTEIN C. Little Red Riding Hood Uncloaked: Sex, Morality, and the Evolution of a Fairy Tale［M］. New York: Basic Books, 2002: 35-36.

话中的一些人物和内容，如"灰姑娘""蓝胡子"已经成为普通名词或典故。

德国格林童话诞生于佩罗童话问世115年后的1812年。格林童话源于两个年轻学者对学术理想的追求。哥哥雅各·格林（Jacob Grimm，1785~1863）研究法律和比较文学；弟弟威廉·格林（Wilhelm Grimm，1786~1859）研究中古文学和民俗。当时正值德国文化复兴运动，拿破仑兵败，德国的民族优越感使当时的文化艺术界分外看中德国传统民俗。在这股德国浪漫主义思潮的影响下，格林兄弟为挽救面临遗失危险的文化遗产，钻研、收集、整理德国歌谣、神话和民间故事，希望对德国文学尽一份绵薄之力。第一版格林童话《儿童与家庭故事集》（*Kinder und Hausmarchen*）并不是一本面向大众的读物。它有着冗长的介绍、繁复的注释、浓厚的学术色彩，旨在为研究者提供德国民俗学术资源。然而可能是由于书名的缘故，这本书竟意外地打开了市场，从此使格林童话转向儿童文学方向。第一版的格林童话售罄之后，格林兄弟在市场需求的刺激下开始了再版的修改，渐渐删除儿童不宜的片段，"净化"了童话。这之后，格林童话逐渐成为世界各国文化都能接受的儿童文学经典。把格林童话看作口头文学的忠实再现是不确切的，经过一次又一次的修改，经典格林童话在格林兄弟的"审查机制"下实际上已经与民间故事渐行渐远。❶ 但正是因为格林兄弟把口头叙述传统吸纳进了书面文学体系，才使得童话对世界各国文化产生了广泛的影响。

---

❶ TATAR M. The Hard Facts of the Grimms' Fairy Tale [M]. Princeton: Princeton UP, 2003: 11-24.

童话的结构主义批评

童话的文化影响力日益增强，童话批评在文学批评中也占据越来越重要的位置。童话的系统批评始于结构主义研究和文学文体学研究。这样的形式批评以文本为中心，关注民间童话和文学童话的内在结构特征，注重考察童话语篇本身，如结构要素、语言形式、文体风格、语篇形式特征、叙述方式、文献语料等因素。

芬兰民俗学家费恩·安提·阿尔奈（Finn Antti Aarne）在1910年出版的《民间故事的类型》一书中给出了一个民间故事的分类系统。这一系统把童话故事分为以下几类：（1）一个超自然的敌人；（2）一个超自然的丈夫（妻子）；（3）一个超自然的任务；（4）一个超自然的帮手；（5）一个神奇的物品；（6）超自然的力量或知识；（7）其他超自然的主题等。后来经美国学者斯蒂斯·汤普森（Stith Thompson）于1961年、1964年和1973年修订、补充，完善了这一分类系统，形成一个权威的民间故事分类索引——艾恩-汤普森索引，简称AT索引（AT Index, The Aarne-Thompson Tale Type Index）。[1] 尽管太过倚重格林童话，并有欧洲中心主义之嫌，分类难免产生交叠，AT索引如今仍然在童话、神话、民间故事研究中被广泛使用。进入21世纪以后，FFC（Folklore Fellowship Communication）民间故事研究会进一步开展故事类型索引及类型研究。最重要的莫过于乌特（Hans-

---

[1] SMITH P. K. The Postmodern Fairytale: Folklore Intertexts in Contemporary Fiction [M]. New York: Palgrave, 2007: 25-25.

Jorg Uther)修订 AT 分类法后形成的三卷本《世界故事类型：分类与书目》分类体系。❶ 目前，艾恩—汤普森—乌特索引（ATU Index, The Aarne-Thompson-Uther Index）正在成为新的通用索引。

分类索引先确定故事类型，再对故事的变体做"穷尽"式的研究，指出该故事属于哪种类型。这项繁复工作虽少了些新鲜的创意和解读，但可以使人们进一步认识一类故事诸多变体下隐藏的结构。辨别出典型的主题、典型的人物和典型的故事模式，有助于帮助人们认识这些故事中"超越时代"的东西。然而一些结构主义研究者指出在童话故事貌似"不变"的主题、人物和故事结构之下，变形才是童话发展的关键词。真实的情况是"每个童话虽然经历过千百次无休止的变形，但又有着惊人的自我修复能力以保持自己的内在结构"。❷

弗拉迪米尔·普罗普（Virladmir Propp）在1928年出版的《故事形态学》（*Morphology of the Folktale*）中对阿尔奈分类提出质疑，指出把故事划分为不同类型虽然可操作性很强，但完全不重叠的分类并不存在，因此随意性大，未免主观。❸ 他主张以故事结构作为故事分类的基础，从而观察故事的本质。普罗普以阿法纳西耶夫《俄罗斯民间故事》中的

---

❶ UTHER H-J. Indexing Folktales: A Critical Survey [J]. Journal of Folklore Research, 1997, 34 (3): 209-220.

❷ PHILIP N. Creativity and Tradition in the Fairy Tale [A] // Eds. DAVIDSON H. E., CHAUDHRI A. A Companion to the Fairy Tale. Cambridge: D. S. Brewer, 2003: 40.

❸ 普罗普. 故事形态学 [M]. 贾放, 译. 北京：中华书局, 2006: 10-11.

100篇魔幻故事为素材，把故事结构分解成几个组成部分，对比不同故事的组成部分，得出结论：所有故事的结构都相同，故事中人物角色不同，但其功能的顺序性在不同故事中保持不变。在普罗普的故事形态结构研究中，"人物做了什么"，也就是角色的功能成了核心问题。❶

普罗普的故事形态结构研究是形式主义的，但他反对将形式研究与历史研究割裂开来。如普罗普本人所言："如果说形态学、历史根源、文学批评分别可以构成一部大型研究的三卷。研究故事的形式系统是基础，其后是历史根源，然后才是故事中包含的最有趣、最富于意义的民间哲学与民间道德的世界。从这个意义上来说，故事研究应该呈现出一种类似地质沉积层一样的结构"。❷ 那么，针对童话，研究者在普罗普的形式批评之外又做了怎样的研究呢？

童话的心理分析批评

心理分析批评对童话进行了"普世主义"（universalism）阐释。布鲁诺·贝特尔海姆（Bruno Bettelheim）的《魔法的种种用法：童话的意义与重要性》（*The Uses of Enchantment: The Meaning and Importance of Fairy Tales*，1975）是最具代表性的童话心理学研究成果，在学术界产生了广泛而深远的影

---

❶ 普罗普通过四个故事的比较，指出：（1）角色的功能充当了故事稳定不变的因素，它不依赖于由谁来完成以及怎样完成，它构成故事的基本组成部分；（2）神奇故事已知的功能项是有限的；（3）功能项的排列顺序永远是同一的；（4）所有神奇故事按其构成都是同一类型。他在研究100个俄罗斯神奇故事的基础上，按照神奇故事本身论述的顺序列举出神奇故事的7类人物角色和31种功能。详见普罗普《故事形态学》。

❷ 普罗普. 故事形态学 [M]. 贾放，译. 北京：中华书局，2006：184.

响。这本著作以精神分析学为基础，探究童话的深层心理意义，阐述童话具有永恒魅力的原因。贝特尔海姆认为，童话"以一种儿童不知不觉就能明白的方式谈论他们严重的心理压力，而且丝毫没有轻视成长所必定经历的最重要的内心斗争，为孩子暂时和持久地解决紧迫困难提供模式"。❶ 因此，对于所有年龄段的孩子们——包括男孩和女孩，都具有重要的心理意义。他还认为：

> 童话母题不是精神症候，而是人们为了自身受益而加以理性认识的内容，从而使自己能够摆脱它们。这样的母题是奇妙难言的体验，因为儿童感到自己的情感、希望和忧虑在内心深处被理解，被赏识，而无须按照他还不明白的苛刻理性对所有这些寻根究底。童话故事丰富儿童的生活，使它带有一种似真似幻的魔力性质，这是因为他不太明白那些故事怎样在他心里创造奇迹。❷

贝特尔海姆的著作致力于阐明童话故事蕴含诸多人类内心问题的信息，也提供了更多正确解决生活困境的办法，对儿童来说具有非常积极的心理意义。

贝特尔海姆还指出了童话和神话的区别。他认为童话和神话都以象征的形式表现内心冲突，并隐喻性地提出解决方

---

❶ 布鲁诺·贝特尔海姆. 童话的魅力［M］. 舒伟，丁素萍，樊高月，译. 北京：社会科学文献出版社，2015：5.
❷ 同❶24.

法。不同之处在于,神话往往表现宏大庄严的主题,主人公往往高高在上,是超人类的英雄。而童话语言简明、朴实,不会让人产生低人一等的感觉,不但不提任何要求,还许诺幸福的结局,使人恢复信心,对未来充满希望。❶ 神话让人感觉这故事是绝无仅有、空前绝后的,不可能发生在任何其他个人身上,也不可能发生在任何其他场景中。这样的事件宏伟壮观,令人敬畏,但非凡人经历。童话中发生的故事也总是异乎寻常,但我们感觉这些事情可能发生在你我身上,或是身旁的任何人身上。神话故事是悲观主义的,而童话故事是乐观主义的。神话十分典型地涉及"超我"的要求,与"本我"的自我保护愿望相对抗。而童话故事中的主人公不会成为超人,他的基本人性得到了充分的肯定。

对儿童来说,努力效仿现实世界伟人们的丰功伟绩,难以企及,会产生自卑感。首先,他知道自己做不了那些大事;其次,他害怕别人可能做到。神话是根据"超我"(superego)要求行动的理想人格。而童话则描述"本我"(id)的欲望得到适当满足的自我的整合作用。❷ 正如"三只小猪"的故事向人们表明的那样,沉迷于享乐原则是人之常情,只要能认识到并遵循现实原则,一个人还是可以得救的。童话强调现实原则是享乐原则的转化。❸ 孩子们总是在读完童话后得到一种心理宣泄,因为童话展示并象征性地帮他们解决了成长中莫名的烦恼。

---

❶ 布鲁诺·贝特尔海姆. 童话的魅力 [M]. 舒伟,丁素萍,樊高月,译. 北京:社会科学文献出版社,2015:33-35.
❷ 同❶51-58.
❸ 同❶61.

荣格学派的心理学家从"多元发生说"（polygenesis）出发阐释童话故事。他们认为世界各地的民间故事多有雷同，根本原因是人类拥有共同的经验。这些自远古积累起来的经验使全人类共同的象征符号——原型通过遗传刻印在人类的集体无意识之中。荣格学派进一步提出童话是最纯粹、最基本的集体无意识的表达，揭示了人性和人类行为的深层真相。❶ 原型价值使得童话产生普适于各个文化的魅力。童话并非理性地从一个事件过渡到另一个事件，而是如梦境般从一个意象转移到另一个意象。童话也如梦一般不可解释。❷ 本雅明（Benjamin）认为："第一个和永远的真正的故事讲述者是讲童话故事的人。童话告诉我们人类最早是怎样摆脱梦魇的"。❸ 然而，童话成为人类集体无意识的一部分是本质天然的吗？

童话的社会历史批评

20 世纪 70 年代以来，在文学研究向文本外部转向的思潮中，童话研究也出现重大的范式转变，从注重童话文本的内在结构和心理共性向与童话文本密切联系的外部世界转变。批评家从不同的理论视角、用不同的批评方法研究童话，主要包括历史主义研究、政治和意识形态研究、女性主义研究、酷儿批评等。在这些批评中，这些"永恒的""超越时代"的故事受

---

❶ FRANZ M. V. The Interpretation of Fairy Tales ［M］. Boston and London: Shambhala, 1996: 1.

❷ PHILIP N. Creativity and Tradition in the Fairy Tale ［A］ //Eds. DAVIDSON H. E., CHAUDHRI A. A Companion to the Fairy Tale. Cambridge: D. S. Brewer, 2003: 42.

❸ BENJAMIN W. Illuminations ［M］. Ed. ARENDT H. Trans. ZOHN H. Glasgow: Collins, 1977: 102.

到前所未有的质疑和诘问，童话正在经历着"去经典化"的过程，原来笼罩着经典童话的光晕逐渐消失，随之而来的是你方唱罢我登场的话语竞争。基督教原教旨主义者、女性主义者、马克思主义者、教育学家指责童话消磨意志、鼓吹传统的资产阶级价值观、让人们消极接受既有文化、沉湎于幻想。他们普遍认为这种"超越时空"的文学体裁实际上是一种随着社会、历史、政治背景变化而不断变化的话语，是各种意识形态的竞争场所。批评家逐渐达成共识——童话从来就不是超越时间承载历史意义的"纯粹"叙事体裁。

社会历史研究派激烈地反对心理分析学派的总体象征观。普林斯顿大学历史学家罗伯特·丹顿主张用人种志—社会历史法研究童话，指出把民间故事看成超越时代永恒不变的想法甚为不当，民间故事实际上是一种"历史文献"，提供给人们"关于一个时代的文化及社会心理的诸多信息"。❶ 丹顿分析了部分法国童话，认为这些童话反映了18世纪法国的民族精神和世界观，具有复杂的文化意义和功能，并断言童话分析只有在特定群体的人种志分析的背景下才有意义。

以杰克·宰普斯（Jack Zipes）为代表的童话社会政治学批评关注童话文本的结构在历史演进中的痕迹，把童话结构置于童话文学类型的发展史中进行考察。他也指出童话是一种政治话语，是"西方文明进程中一个动态的组成部分"。❷ 与其

---

❶ DARNTON R. The Great Cat Massacre and Other Episodes in French Cultural History [M]. New York: Basic Books, 1984: 42.

❷ ZIPES J. Fairy Tales and the Art of Subversion: the Classic Genre for Children and the Process of Civilization [M]. New York: Wildman Press, 1983: 11.

他文学体裁一样，童话是每个时代的产物，承载着那个时代的道德、政治以及意识形态信息。比其他体裁更胜一筹的是，童话传播广泛、生命力持久，用鲜活的故事展现着美与丑、善与恶、贫与富、坚强与软弱、奖励与惩罚等二元对立项，从而通过认同机制潜移默化地塑造读者的人生观，塑造社会价值观，进而达成政治目的。童话在这样的语境里也被很多人视为"行之有效的社会批判、社会改造的工具"。[1]

笔者认为社会历史批评对童话形成的历史探究确有洞见，但未考虑那些故事中一直未变的要素。而历史性的东西在童话中并不是要素的一部分，所以经常被替换，并排除在故事核心之外。实际上，童话既是心理结构的写照，也是意识形态的载体，当童话中的一些东西契合了人们尤其是儿童的心理原型，人们就更愿意接受附加在这些故事中的其他信息。这就解释了为什么童话既有固定的类型，同时又有随着社会历史文化变迁而产生的变体。共性的东西适合用结构主义和心理分析批评的方法阐释，而个性的东西则需要用社会历史的视野解读。文本内部研究和文本外部研究实际并不矛盾，而是相辅相成、互为补益的。

童话的女性主义批评

童话在现代社会的女性教育中发挥着强有力的作用。AT索引列出的故事中有207个男主人公，92个女主人公；格林

---

[1] SHIPPEY T. Rewriting the Core: Transformations of the Fairy Tale in Contemporary Writing [A] //Eds. DAVIDSON H. E., CHAUDHRI A. A Companion to the Fairy Tale. Cambridge: D. S. Brewer, 2003: 253.

童话中 70 个男主人公，44 个女主人公。女主人公故事的比例在逐步上升。进入 20 世纪，这个比例进一步攀升。童话（Märchen，奇异故事）越来越从中性体裁变成一种女性化的体裁，在女性社会化过程中起着重要作用。❶ 如今最受欢迎的童话故事大多以纯洁美丽的女性为主角。她们命运多舛、历经磨难，被放逐、囚禁、迫害，最后都改过自新或得到拯救，重新回到父权家庭体系。她们普遍具有顺从、耐心、隐忍、被动、牺牲、勤劳等女性美德。女权主义者和心理学家都注意到女性对童话几乎"症候"般地接受。❷

20 世纪 70 年代关于童话的大讨论中最强的声音来自女性主义批评家。实际上在这场大讨论之前，西蒙·波伏娃（Simon De Beauvior）在其撰写的女性主义里程碑式、百科全书式的著作《第二性》(*The Second Sex*, 1953) 中就对经典童话提出了批评。波伏娃写道："女人是睡美人、灰姑娘和白雪公主，她需要做的就是接受和屈服。在故事和歌谣中小伙子总是屠龙降魔、经历冒险；而姑娘们则幽禁于深宫、塔楼、花园、洞穴，她只能充当锁链下的俘虏，沉睡、等待"。❸ 波伏

---

❶ DÉGH L. The Nature of Women's Storytelling [A] //Ed. MACDONALD M. R. Tradition Storytelling Today: An International Sourcebook. Chicago and London: Fitzroy Dearborn Publisher, 1999: 583.

❷ 关于女性对童话的接受详见 ERIC B. What Do You Say After You Say Hello? The Psychology of Human Destiny [M]. New York: Grove, 1972; DOWLING C. The Cinderella Complex: Women's Hidden Fear of Independence [M]. New York: Summit, 1981; STONE K. Romantic Heroines in Anglo-American Folk and Popular Literature [D]. PH. D. diss.: Indiana University, 1975.

❸ BEAUVOIR S. D.The Second Sex [M] //Trans.and Ed.PARSHLEY H. M. London: Jonathan Cape, 1972: 294.本书所引《第二性》中的引文均出自该英译本。中文为笔者自译，不再另注。

娃从存在主义哲学视角剖析了占据优势的男性（第一性）和处于从属地位的女性（第二性）不同的生存境遇。童话中的男性富于主动性、超越性（transcendence），他们是富于行动力的行为主体；而女性则困于被动性、内在性（immanence），她们是被剥夺了行动力的客体。

波伏娃还把西方文化中的女性形象总结为相互矛盾的两类。一类心地善良、热情、温柔、甘于奉献、富有同情心，总是在物质或精神上滋养他人。她们是好妻子、慈母、仙女、保姆、修女、目光慈祥的老祖母、好心眼儿的女仆，归根结底是为男性服务的仆人。❶ 另一类则邪恶、执拗、变化无常、卖弄风情、善于欺骗、充满未知的可怕的神秘感。❷ 她们是赛伦女妖、女巫、女法师、潘多拉、双尾美人鱼、巫婆、斯芬克斯，具化了男性的恐惧。❸ 波伏娃还指出故事中的女性特质并非本质天然，而是按照与男性的关系由男性定义并创造出来的。

波伏娃还富于洞见地指出："年轻女孩总是过分关注自己的外表，这是可以理解的。因为无论她们是公主还是牧羊女，要想获得爱情和幸福就必须漂亮；长相普通总是被残忍地认为与邪恶有关。当一个丑女人遭遇不幸，人们总是疑惑到底这不幸惩罚的是她犯下的罪行还是她丑陋的外表"。❹ 男性塑造的理想女性形象美貌、乖巧、被动，总是等待男性的拯救，除婚姻外别无所求。然而这类形象在女性主义者那里不受欢迎。她们认

---

❶ BEAUVOIR S. D.The Second Sex［M］//Trans. and Ed.PARSHLEY H. M.London：Jonathan Cape，1972：162-196.
❷ 同❶206-207.
❸ 同❶163-211.
❹ 同❶294.

为这些由 19 世纪欧洲男性收集整理的童话故事实际上强化了男权社会的价值观。

桑德拉·吉尔伯特（Sandra M. Gilbert）和苏珊·古芭（Susan Gubar）在《阁楼里的疯女人》(*The Madwoman in the Attic*: *The Woman Writer and the Nineteenth-Century Literary Imagination*, 1979）中援引多个经典童话作为分析维多利亚文学中女性形象的模板。两位批评家还以连环杀妻的蓝胡子为原型，分析了《简·爱》中罗切斯特的形象，并把关在阁楼里的疯女人伯莎·梅森定义为受害者。屋中有个天使（angel of the house），阁楼上有个疯女人，她们都是男主人的妻子，一个现任一个前任，或者说是同一任，因为这看似冲突分裂的两个人其实是一个人，也就是说每一个纯洁善良、谦卑恭顺的贤妻良母心里都隐藏着个邪恶淫乱、狂野反叛的魔鬼妖妇。她们总结道："神话和童话常常既陈述又强化了文化宣判，而比其他更复杂的文本来得更精确"。❶ 她们指出"白雪公主"和"后母"形象普遍地存在于文学作品中。看似对立的两个角色，实际上是一个女人的两面，或者说是一个女人不同人生阶段的写照。白雪公主年轻、美丽、驯顺，符合男性理想的女性形象。但最后当她芳华不在时，如若不是像生母那样早逝，就得像继母一样变成狠毒的妒妇。❷ 这实际上是每位女性生命历程的隐喻。

---

❶ GILBERT S. M., SUSAN G. The Madwoman in the Attic: The Woman Writer and the Nineteenth-Century Literary Imagination: 2nd ed [M]. New Haven and London: Yale UP, 2000: 36.

❷ GILBERT S. M., SUSAN G. Snow White and Her Wicked Stepmother [A] //Ed. TATAR M. The Classic Fairy Tale: Texts Criticism. New York, London: W. W. Norton & Company, 1999: 292-296.

祛魅——五个经典童话的后现代女性主义改写

1970年，艾莉森·劳瑞（Alison Lurie）在《纽约书评》中称传统童话是女性主义者难得赞成的儿童文学体裁。这篇文章既肯定了仙女教母的力量也肯定了邪恶后母们的力量。此观点遭到玛西亚·K.利伯曼（Marcia K. Lieberman）的反对，她列举了童话中创造的诸多不受欢迎的女性刻板形象，如美貌等于美德、乖巧等于美德、女性总是被动、除婚姻女性别无所求、少女总是等待男性的拯救等。读者开始意识到这些由19世纪欧洲男性收集整理的童话故事实际上强化了男权社会对"理想女性"的定义。❶

在20世纪70年代的童话大辩论中女性主义批评家纷纷执笔抨击迪士尼从1937年的《白雪公主》开始塑造的一批新的童话经典。她们称迪士尼迎合主流价值观，热衷于传统的求爱叙事：迪士尼的白雪公主是典型的维多利亚时期家庭小说中的理想女性形象，操持家务，照顾七个小矮人，顺从、自我否定、谦逊、幼稚、勤劳、天使般善良、富于母性；而后母的邪恶则通过一袭黑衣在视觉上被加强。❷ 她们还指出迪士尼用荧幕具化了女性的身体形象，是典型的"男性注视"，即使到了20世纪末，迪士尼经典中也没有存在过女性视角。《皇帝的树丛：迪士尼魔法帝国的去殖民化》（*The Emperor's Old Groove: Decolonizing Disney's Magic Kingdom*, 2003）一书指出迪士尼动画强化了经典童话中的女性刻板形象，新的传播技术也使得经典童话产生更

---

❶ SHIPPEY T. Rewriting the Core: Transformations of the Fairy Tale in Contemporary Writing [A] //Eds. DAVIDSON H. E., CHAUDHRI A. A Companion to the Fairy Tale. Cambridge: D. S. Brewer, 2003: 256-257.

❷ AYRES B. The Emperor's Old Groove: Decolonizing Disney's Magic Kingdom [M]. New York: Peter Lang, 2003: 39-49.

巨大的话语力量。❶

女性主义批评家敏锐地质疑这些故事到底在多大程度上真实地反映了女性的特质，又在多大程度上是女孩训练手册。女性主义批评家关于童话影响展开了大辩论，结果是几乎所有参与者都认为"童话的浪漫模式深深影响了女性在真实生活中的幻想和潜意识"。❷ 近年来女性童话研究进一步深入，梳理了自17世纪法国贵族女性开始的女性童话书写历史，剖析了20世纪末童话改写文本的性别构建与叙述方式，归纳了女作家运用童话元素所表现的不同主题，编辑了《童话与女性主义：新方法》（2004）这样的论文集。❸

罗伯特·莫尔（Robert Moore）列出8个童话的特点，其中7个与性别歧视相关。在童话中，男孩和女孩分饰截然不同的性别角色。女性的美德永远是美貌、耐心、无私、沉默、纯洁、顺从。作为对这些美德的回报，她们获得的一定是王子的青睐和随之而来的婚姻、财富、地位。❹ 这种在文

---

❶ AYRES B. The Emperor's Old Groove: Decolonizing Disney's Magic Kingdom [M]. New York: Peter Lang, 2003: 53-63.

❷ HARRIES E. W. Twice Upon a Time: Women Writers and the History of the Fairy Tale [M]. New Jersey: Princeton UP, 2001: 137.

❸ 经典童话的女性主义批评主要参见 BACCHILEGA C. Cracking the Mirror Three Re-Visions of "Snow White" [J]. Boundary, 15 (3) (Spring-Autumn 1988): 1-25; HARRIES E. W. Twice Upon a Time: Women Writers and the History of the Fairy Tale [M]. New Jersey: Princeton University Press, 2001; HASSE D. Feminist Fairy-Tale Scholarship [M] //Fairytales and Feminism. Detroit: Wayne State UP, 2004: 1-36. SUSAN S. Myth and Fairy Tale in Contemporary Women's Fiction [M]. Houndmills: Palgrave, 2001; SHOWALTER E. Twenty Years on: "A Literature of Their Own" Revisited [J]. A Forum of Fiction 31 13th Anniversary Issue: III. (Summer, 1998): 399-413.

❹ MOORE R. From Rags to Witches: Stereotypes, Distortion and Anti-Humanism in Fairy Tales [J]. Interracial Books for Children Bulletin 6.7 (Winter 1975): 1-3.

本的再生产中不断被强化的僵化价值观扼杀了女性主体意识，必然引起女性主义作家的高度关注。

童话改写与话语竞争

20世纪70年代起对童话的辩论、整理、研究和七八十年代的"讲故事的复兴"❶叠加共同引发了文学创作领域对经典童话的改写热情。童话改写成为西方后现代主义一个重要文学现象。改写形式多种多样，故事层出不穷，选集不计其数，诸多名家加入其中。一些当代小说名家直接把童话作为创作灵感的源泉。唐纳德·巴塞尔姆（Donald Barthelmee）的长篇小说《白雪公主》（"Snow White"，1967）、库尔特·冯内古特（Kurt Vonnegut）的《蓝胡子》（"Bluebeard"，1987）、罗伯特·库弗（Robert Coover）的长篇小说《威尼斯的比诺曹》（"Pinocchio in Venice"，1991）及中篇小说《小野蔷薇》（"Briar Rose"，1996）都是经典童话的重述或借鉴了经典童话母题的创作。当然，童话改写最主要的力量是女性主义改写。

女性童话书写可以追溯到17世纪的法国，持续至今已300多年。但女性创作的童话文本由于文学批评中的男性中

---

❶ 20世纪七八十年代讲故事热从历史上看不是一次孤立的事件。仅举几例为证。17世纪法国就产生了佩罗、多尔诺瓦夫人（Madame d'Aulnoy）等一批童话讲述者；18~19世纪犹太教的"哈希德"（虔诚者）运动中也兴起了民间故事讲述、民间歌曲民间舞蹈复兴；19世纪德国浪漫主义运动中格林兄弟的民间故事整理带动了民间故事复兴；西欧各民族浪漫主义运动——司各特、安徒生、王尔德、叶芝等；又如20世纪初美国为了向新移民的儿童灌输西方文化标准以图书馆为基地的讲故事运动等。详见《讲故事的复兴》SOBOL J. The Storytelling Revival［A］//Ed. MACDONALD M. R. Tradition Storytelling Today：An International Sourcebook. Chicago and London：Fitzroy Dearborn Publisher，1999：552-558.

心标准很少能进入经典行列。❶ 另外，以独立自主女性为主角的童话也未能广为流传。针对这种情况，约翰·埃利斯（John Ellis）编辑了《一个童话故事太多》（*One Fairy Story Too Many: The Brothers Grimm and Their Tales*, 1983)、安吉拉·卡特编辑了《倔强女孩和邪恶女人》（*Wayward Girls & Wicked Women: An Anthology of Stories*, 1986)等童话故事集，整理淹没在男性审查机制下的早期女性童话。还有一部分学者把触角深入到经典童话前身——更原始的前男权时代童话中去，挖掘这些故事里富有主见和行动力的女主角。如宰普思整理了1697~1993年近40个小红帽故事，编辑了《小红帽经历的考验和磨难》（*The Trials and Tribulations of Little Red Riding Hood*, 1993) 等。❷

约翰·巴斯（John Barth）在1967年发表了一篇后来被称为"后现代主义文学宣言"的批评文章《文学的枯竭》。在这篇关于元小说的文章中他提出传统的故事情节已被开发殆尽，作者们因此不得不转向讲关于故事的故事了。❸ 当代文学名家如博尔赫斯、纳博科夫、汤姆·斯托帕德、约翰·

---

❶ HARRIES E. W. Twice Upon a Time: Women Writers and the History of the Fairy Tale [M]. New Jersey: Princeton UP, 2001: 19-45.

❷ 《小红帽经历的考验和磨难》参见 ZIPES J. The Trials and Tribulations of Little Red Riding Hood [M]. New York: Routledge, 1993.

❸ BARTH J. The Literature of Exhaustion [A] //Ed. HOFFMAN M. J., MURPHY P. D. Essentials of the Theory of Fiction. Durham: Duke UP, 1996: 273-286.

祛魅——五个经典童话的后现代女性主义改写

巴斯等把"改写"作为重要的创作策略。❶

讲故事的复兴和改写潮流合力促成童话改写的文学文化现象。20世纪70年代以来，女性主义童话改写成为后现代写作的一大潮流。以小说形式改写童话的作家包括安吉拉·卡特（Angela Carter）、玛格丽特·阿特伍德（Margaret Atwood）、A. S. 拜厄特（A. S. Byatt）、米歇尔·罗伯茨（Michele Roberts）、克里斯蒂娜·克罗（Christine Crow）、玛利亚·华纳（Maria Warner）、安·莱斯（Ann Rice）等几十位作家。用诗歌形式改写童话的作家包括安·萨克斯顿（Anne Sexton）、西尔维娅·普拉斯（Sylvia Plath）、玛格丽特·德莱博（Margaret Drabble）、芭芭拉·沙龙（Barbra Sharon）、奥尔加·布鲁莫斯（Olga Broumas）、桑德拉·吉尔伯特（Sandra Gilbert）等。其他具有代表性的童话改写女作家还包括：艾玛·多诺霍（Emma Donoghue）、莫尼克·魏提格（Monique Wittig）、卡洛琳·凯伊·斯蒂德曼（Carolyn Kay Steedman）、柯莱特·都灵（Colette Dowling）、杰伊·威廉姆斯（Jay Williams）、苏珊娜·莫尔（Susanna Moore）、麦当娜·柯本施莱德（Madonna Kolbenschlag）、帕特里西亚 C.

---

❶ 当代名家改写经典作品的例子：博尔赫斯的《阿莱夫》（*The Aleph*）讽刺性地改写但丁和比阿特丽丝的爱情故事；纳博科夫在《洛丽塔》中改写埃德加·爱伦·坡的短诗《安娜贝尔·里》（"Annabel Lee"）；汤姆·斯托帕德（Tom Stoppard）在半荒诞剧《罗森克兰兹和盖登斯特恩死了》（*Rosencrantz and Guildenstern Are Dead*）中改写《哈姆雷特》；约翰·巴斯（John Barth）在《潮水故事集》（*The Tidewater Tales*）中改写奥德赛改写的故事；乔治·佩雷克多（Georges Perec）对雷蒙德·罗素（Raymond Roussel）、朱尔·沃恩（Jules Verne）、卡夫卡和其他人的多重改写等。详见 MATIE C. Rewriting［A］//Ed. BERTENS H. International Postmodernism. Amsterdam and Philadelphia：John Benjamins Publishing Company, 1997：243-48.

莱德(Patricia C. Wrede)、简·尤伦(Jane Yolen)、雪莉·杰克逊(Shirley Jackson)、凯斯·科雅(Kathe Koya)、莫尔比·博奇(Milbre Burch)等。❶ 一系列颇具影响力的童话改写故事集也相继问世,如艾伦·达特楼(Ellen Datlow)和特里·温德林(Terri Windling)编辑的系列童话改写故事集《雪白,血红》(*Snow White, Blood Red*, 1993)、《黑荆棘,白玫瑰》(*Black Thorn, White Rose*, 1994)、《红拖鞋,金眼泪》(*Ruby Slippers, Golden Tears*, 1995)等,类似选集不胜枚举。❷ 从女性视角改写童话,借用《阁楼里的疯女人》中的说法是为了"打碎长久以来每个女人都要照的那面镜子"。❸

但部分改写因过分明显的政治化写作意图,其艺术成就遭到质疑。比如有批评家认为珍妮·德赛(Jeanne Desey)的短篇小说《公主用她的双脚站立》("The Prince Who Stood on Her Own Two Feet", 1982)中的女主角形象高大、阳光,像"一株生机勃勃的向日葵",由于王子认为可爱的女孩要比他矮,要少开口多倾听。为了得到王子的爱,公主不惜假

---

❶ 从事童话改写的女作家参见 SELLERS S. Myth and Fairy Tale in Contemporary Women's Fiction [M]; OSTRIKER A. The Thieves of Language: Women Poets and Revisionist Mythmaking [J]. Signs, 1982, 8 (1): 68-90.

❷ 女性主义改写故事集详见 OATS J. C. In Olden Times, When Wishing Was Having.... Classic and Contemporary Fairy Tales [A] //Ed. BERNHEIMER K. Mirror, Mirror on the Wall: Women Writers Explore Their Favorite Fairy Tales. New York: Anchor Books, 1998: 247-272; Calinescu, 243-248; Shippey, 253-274.

❸ GILBERT S. M., SUSAN G. The Madwoman in the Attic: The Woman Writer and the Nineteenth-Century Literary Imagination: 2nd ed [M]. New Haven and London: Yale UP, 2000: 76.

装摔倒终日卧床,并变成哑巴。后来终于觉醒站了起来,和真正爱她、尊重她,能够"仰视一位骄傲漂亮的小姐"的人远走高飞。这类童话确实表达了不同的观点,但糟就糟在读起来味如嚼蜡,因为除了观点这些故事就一无所有了。❶

这样的性别视角改写还引出了意在讽刺"改写"的改写,使童话创作成为短兵相接的话语竞争场。1994年美国畅销书排行榜中出现了一匹黑马,那就是詹姆士·芬·加纳(James Finn Garner)所著的《政治正确童话》(*Politically Correct Bedtime Stories*)。此书改写了一些家喻户晓的童话故事以调侃"政治正确"运动。所谓"政治正确","简单地说,就是在多元文化中,为了维护不同种族、性别、文化、阶层之间的平等,所应修正、反省以及必须抱有的正确观念。由于女性主义、民主平等、环保等意识抬头,西方社会回头反思文化、语言中充斥的偏见和歧视,并提出不同的替代词,以避免个人轻侮的感觉"。❷ 政治正确已经变成一种意识形态,所要修正的内容也无所不包,甚至出现过度修正的现象。

加纳认为把格林童话和安徒生称为"全是歧视"的童话完全没有考虑作者所处的时代。换言之,他们当时的历史背景不可能关注当今人们热衷的少数群体利益问题。加纳改写这些经典童话的目的是"反映当时他们所处的是更有启蒙意

---

❶ SHIPPEY T. Rewriting the Core: Transformations of the Fairy Tale in Contemporary Writing [A] //Eds. DAVIDSON H. E., CHAUDHRI A. A Companion to the Fairy Tale. Cambridge: D. S. Brewer, 2003: 256-257.

❷ 詹姆士·芬·加纳. 政治正确童话:不具歧视和偏见的童话故事[M]. 蔡佩宜译. 台中:晨星出版有限公司, 2000: 4-5.

义的时代"。❶ 加纳认为当今"看了白雪公主后的小女孩儿就会变得歧视女性"这种抗议愚蠢而危险。❷ 他以改写的方式调侃过度的"政治正确"。

以他改写的《白雪公主》为例，故事开篇就揶揄了人们过度阐释肤色问题的荒谬，"从前，有一位年轻的公主……她的绰号是白雪，这表明带有歧视的观念将浅肤色和令人愉快的品质联系在一起，而将暗肤色和令人不快的或不吸引人的品质联系在一起"。❸ 他接着又向激进的女权主义者开炮，写道："王后有一面珍贵的魔镜，它总能诚实回答各种问题。长期以来，王后受到男性等级主义专制下的社交训练，所以她没有安全感和自我价值感。她对自我价值判断的唯一的标准就是身体美"。❹ 故事的结尾，王后向众人宣布"当我们无法动弹，而你们以男性至上主义者的口吻喋喋不休时，我开始了个人觉醒。从现在起，我要将我的一生献给愈合女性的灵魂和身体之间裂痕的事业。我要教女人接受她们的自然的身体形象，重归身体与灵魂的完满。白雪和我打算建造一个女性水疗中心和研讨中心。在这里我们可以疗养、开会，为全世界的姐妹们都能掌握卵巢的控制权而斗争！"❺ 显然，格林兄弟所处的 19 世纪初，无论是故事中的人物、叙事者，还是作者都不可能说出 20 世纪时髦的"男性等级主义专制"

---

❶ 詹姆士·芬·加纳. 政治正确童话：不具歧视和偏见的童话故事[M]. 蔡佩宜译. 台中：晨星出版有限公司，2000：4-5.
❷ 同❶5.
❸ 同❶50.
❹ 同❶51.
❺ 同❶67.

"安全感和自我价值感""男性至上主义者""愈合女人的灵魂和身体之间的裂痕""掌握卵巢的控制权"这样的女权主义术语。这种改写表面上是在叙事,实际上是在评论。

此外,物种歧视者(speciesist)、性别歧视者(sexist)、身材歧视者(sizeist)等标签也不时地贴在书中角色身上。故事中的角色,从动物到人都谙熟美国现代社会的理念,对各个少数群体表现出过分小心翼翼的并不真诚的尊重。那么"政治正确"错了吗?所谓"政治正确",就是少数真正消除了偏见的精英,努力扭转大多数人怀有的偏见,并把自己的理念变成主流舆论,使心怀偏见的人即使私下里犹存偏见,表面上也不得不随声附和社会主流声音,以免遭到大多数社会成员的排斥。这其实是一个社会价值观问题。实际上,故事集的作者加纳在听闻特朗普上台后发表了数番"政治不正确"的言论后,直接表明立场,自己还是站队在"政治正确"一方。❶ "政治正确"归根到底是一种文明的进步。加纳在改写故事集中讽刺的是度的问题,是"矫枉过正"和过度敏感,而并非政治正确涉及的平等问题本身。当然不能把"政治正确"推到极端的境地,但更不应该抛弃"政治正确",因为那将会是一种社会退步。《政治正确童话》引发的文化现象正说明在当代经典童话已

---

❶ 加纳在政治上有非常明确的立场,其在 2017 年 2 月 10 日的博客上痛斥特朗普当选总统是美国的灾难。美国新当选总统特朗普可谓"政治不正确"的典范,他在公开场合发表性别歧视和疑似白人至上主义言论。加纳评论说:"很高兴特朗普和他的团队在比赛中表现得如此差劲。如果万一华盛顿文化更狡猾、更娴熟的话,那么这种邪恶、残忍和犯罪的行为就不那么明显了。当狗屎铺在人行道中间,对每个人来说都是最容易做出反应的"。详见 GARNER J. F. Good Things About Trump Disaster [EB/OL]. (2017-02-10) http://james-finngarner.com/archives/category/politics.

经成为话语竞争、社会控制、观念交锋的话语场。

本书讨论的后现代女性主义童话改写并非追求表层意义的"政治正确",而是在深入思考性别话语的基础上,借助权力话语中人们耳熟能详的故事,寻求价值体系的根本改变。当代女性主义童话改写中不乏既有身份探索意义又有较强文学性的佳作。依莲·肖尔沃特(Elaine Showalter)在《她们自己的文学:从勃朗特到莱辛的英国女性小说家》(*A Literature of Their Own: British Women Novelists from Bronte to Lessing*, 1977)一书的1999年增订版中特设一章专门介绍当代女性主义童话改写潮流。❶ 由此可见这一文学现象受瞩目的程度。既具有文化批判性又具有艺术价值的童话改写必然引起批评界的广泛关注和持续讨论。

什么是改写?

改写在童话发展的历程中并不鲜见,变形实际上正是童话讲述的关键词。❷ 另外,改写作为文学技巧古已有之,是各个时代都普遍存在的文学现象。新古典主义时期、文艺复兴时期、浪漫主义时期以及现实主义时期的作家都曾经运用

---

❶ 肖尔沃特对于当代女性主义童话改写潮流的概述和介绍详见:SHOWALTER E. A Literature of Their Own: British Women Novelists from Bronte to Lessing [M]. Beijing: Foreign Language Teaching and Research Press and Princeton UP, 2004.

❷ 凯文·保罗·史密斯把童话的变形方式或改写形式分为八类:(1)明借题目;(2)暗射题目;(3)文本明涉;(4)文本隐射;(5)修改;(6)原创;(7)超小说童话(童话讨论);(8)借景。详见 SMITH. P. K. The Postmodern Fairytale: Folklore Intertexts in Contemporary Fiction [M]. New York: Palyrave, 2007: 10.

过改写的手法。❶ 作为"旧"名词的改写是指"作者有意在文本中使用其他文本,并预期读者能够意识到这是作者的一种文本策略"。❷ 传统的改写概念强调读者与作者的共谋与交流,彼此都对改写之处心照不宣,会心一笑。

"改写"(rewriting)在后现代主义批评中是一个与"互文"(intertextuality)经常互换的概念,其意义被大大地改变和拓展,涉及一系列传统诗学概念如模仿、戏仿、谐拟、滑稽化、换位、拼贴、改编、翻译、典故甚至概述、描述、引用等。❸ 对后结构主义批评家来说,互文不再是个别文本之间的关系,而是文学的本质。换言之,后现代主义批评家以互文的眼光看待所有作品。克里斯蒂娃认为每部作品都牵扯到互文。"每个文本都是由马赛克一样的引文构成,每个文本都是另外一个文本的变形或吸纳了其他文本";罗兰·巴特把一个文学作品比喻成"回音室",其中永远回荡着其他作品的声音;哈罗德·布鲁姆的观点是:"诗并非事物而仅仅是词语,这些词语指向其他词语,这些被指向的词语再指

---

❶ CALINESCU M. Rewriting [A] //Ed. BERTENS H. International Postmodernism. Amsterdam and Philadelphia: John Benjamins Publishing Company, 1997: 244.

❷ BROICH U. Ways of Marking Intertextuality [C] //Ed. BESSIERE J. Fiction-Texte-Narratologie-Genre. Proceedings of the 11th Congress of the International Comparative Literature Association. New York: Peter Lang, 1989: 120.

❸ CALINESCU M. Rewriting [A] //Ed. BERTENS H. International Postmodernism. Amsterdam and Philadelphia: John Benjamins Publishing Company, 1997: 244; BROICH U. Intertextuality [A] //Ed. BERTENS H. International Postmodernism. Amsterdam and Philadelphia: John Benjamins Publishing Company, 1997: 249.

向另一些词语,直到形成密密麻麻重叠在一起的文学语言世界"。❶ 据此布罗伊希(Broich)总结了后现代主义互文性的几个特点:(1)"作者之死",文学文本已不再被认为是某位作家的原创,而是由无数其他文本的回声组成。(2)读者的解放,面对一个文本读者有权读出或读入自己的理解。(3)文学模仿论的终结,文学自我指涉时代的开始。文学不再是"反映自然的一面镜子",而是"反映其他文本的一面镜子"。(4)文学游戏式剽窃。"互文性使文本不再具有传统意义上的原创性"。(5)碎片化和融合:文本的"封闭、同质、连贯性"已经被开放、复调、不协调、破碎性所取代。(6)无限回溯性。一个文本中所嵌入的不同层面的其他文本是无限的。❷

而仅仅从后结构主义"互文"角度理解"童话改写"存在明显的局限性。互文理论主张隐匿作者,赋予读者阅读的自主性,使读者在能动阅读中无限丰富对作品的理解。读者的反应确实能增加作品的维度,然而这种"互文"理论终究矫枉过正,因为它付出了"作者之死"的代价。在增加了一个读者的维度之后,取消了作者的维度。大量的童话改写作品把不同读者(即作者)的维度带给更多的读者,引发拓展了人们对童话话语的认识。从这个意义上来看,似乎福柯(Michel Foucault)对作者的理解更容易让人接受,他认为作者在文本中的位置是一种功能性的位置,他始终应该在文本

---

❶ BROICH U. Intertextuality [A] //Ed. BERTENS H. International Postmodernism. Amsterdam and Philadelphia: John Benjamins Publishing Company, 1997: 250.

❷ 同❶251-253.

中占有自己的一个维度。因此，童话应该说是带有作者维度的话语竞争的场所。❶ 每个童话改写者都有自己的立场。因此，作者的维度是本书对当代童话改写进行分类的主要依据。

后现代女性主义改写*

改写童话是为了生产新事物，它既结合了作者批判性和创造性思想，也在不断适应读者变化的阅读趣味和要求。由于价值观的改变，改写后的童话旨在改变读者对传统模式、形象、符号的看法，但这并不意味着所有童话改写都是一种前进。实际上，为改写而改写就称不上什么进步。改写目的是在当下语境和当前意识形态下对原文本中的不当之处加以反思和修正。

因此，童话改写往往既破解了经典童话中的文化符码，又为其注入新的历史环境下新的意识形态，揭露梦幻般的童话中存在的"性别政治无意识"。这样的改写不仅仅借用了童话叙事形式和结构，也不只是把童话作为唾手可得的比喻，而是把童话置于作品讨论的中心，质疑童话，诘问这种程式化的故事如何操纵了人们的想象力。主体在后现代社会被进一步异化，个人与世界的关系、个人与历史的关系变得

---

❶ FOUCAULT M. What Is An Author ［A］//The Essential Foucault: Selections from The Essential Works of Foucault, 1954-1984. New York: New Press, 2003: 239-391.

* 本小节关于童话改写与后现代女性主义的关系的部分观点已发表。见穆杨. 当代童话改写与后现代女性主义 ［J］. 外语与外语教学，2010（2）：93-96.

不确定,任何对童话的改写都是对自我的一种解读,是对自我和历史关系的一种考量。

本书将这类改写统称为后现代女性主义改写,并提出后现代女性主义改写是当代童话改写最重要的一种类型,主要包括后现代女性主义戏仿和后现代女性主义历史编纂元小说。后现代女性主义改写开始于20世纪60年代末70年代初并持续至今,但后现代女性主义改写并非仅以年代划分。实际上,一些当代改写依然在重复传统价值观和男性中心话语,如茱莉亚·罗伯茨主演的好莱坞经典电影《漂亮女人》(*Pretty Woman*, 1990) 就是典型的传统灰姑娘故事。女主角年轻、美丽(性感)、善良、吻合现代男性社会对女性的要求,于是得到男性的赏识和社会的奖赏,从底层上升到上流社会。这个故事骨子里依然是传统的维多利亚时代的价值观。这类"新瓶装旧酒"的改写并不在本书定义的后现代女性主义改写之列。

那么,什么是后现代女性主义呢?后现代女性主义理论不同于传统的女权主义三大主要派别——自由主义女权主义、社会主义女权主义、激进女权主义。它受到福柯理论的影响,强调话语即权力、文本的惩戒性凝视作用及身体在主体问题中的核心地位等。但福柯理论中的主体不具有性别属性,是普遍主体;而后现代女性主义则强调性别主体在权力关系中的等级差异,指出女性要承受更多的身体约束成为男性主导的权力话语中更为驯顺的主体。❶ 纵观福柯的理论可

---

❶ BORDO S. Unbearable Weight: Feminism, Western Culture and the Body [M]. Berkley, Los Angeles, London: California UP, 1993: 166.

以发现其研究的终极目的是"主体"而非普遍认为的"权力",而主体的形成又是通过身体媒介实现的。同时,福柯指出身体不仅是权力的场所还是抵抗的场所,权力与抵抗在身体上的较量迂回、复杂,永无止境,长期处于动态的交锋之中。❶

福柯认为权力最原始的身体策略即惩罚(punishment)。❷在西方古典社会,权力通过对身体进行"暴力和血腥的惩罚"来塑造顺从的主体。《规训与惩罚》中著名的"断头台上的场面"即展现了一种以"示众"为主要模式的权力对身体施加暴力的盛大政治仪式。这种权力形式在众目睽睽之下残酷地折磨反叛者的身体,以恫吓民众使之威服。❸权力公然在身体上打下烙印,以便达到对其最好的控制效果。如果说惩罚是权力普遍施加于古代民众的身体策略的话,那么,女性在以男性占主导地位的社会遭遇到的则是双重暴力的威胁和恐吓。也就是说,男性和女性在权力关系体系里既是同样受制约的,又是不平等的。反叛女性往往要承受来自普适权力和男性权力双重的暴力惩罚。经典童话作为话语的重要载体成为权力作用于身体的一种有效"示众"场所。

当代英美作家尤其是女性作家对经典童话的改写集中体现了后现代女性主义视域下女性身体、女性主体、话语、权

---

❶ FOUCAULT M. Power/Knowledge: Selected Interviews and Other Writings 1972 - 1977 [M]. Ed. CORDON C. Trans. GORDON C., MARSHALL L., MEPHAM J., SOPER K. Sussex: The Harvester Press, 1988: 56.

❷ FOUCAULT M. The Foucault Reader [M]. Ed. RABINOW P. New York: Pantheon House, 1984: 172.

❸ FOUCAULT M. Discipline and Punish: the Birth of the Prison [M]. Trans. SHERIDAN A. New York: Vintage Books, 1979: 33-63.

力、抵抗之间的复杂关系。这些作品以女性身体为视角,以探求女性主体性为目的,在话语领域对以父权为主导的权力关系进行抵抗。本书将从身体、主体和话语关系的视角阐述后现代女性主义童话改写的双重任务:一方面揭示经典童话文本中父权通过身体手段塑造驯顺女性主体的过程;另一方面通过对叛逆女性的积极描写为女性在现有权力关系中通过身体寻求主体性提供可能,从而形成一种反话语(counter discourse)作为对权力话语的抵抗(resistance)。在后现代女性主义的框架下,童话抵抗话语可进一步划分为两种类型,即后现代女性主义戏仿和后现代女性主义历史编纂元小说。

后现代戏仿

马克思主义批评家弗雷德里克·詹明信(Fredric Jameson)认为"后现代主义拼贴"(postmodernist pastiche)已经取代"后现代主义戏仿"(postmodernist parody)成为后现代文学的主要特征,"拼贴"运用文本碎片外接任何对意义的追求,对所模仿的对象也没有潜在的同情。拼贴是一种中立的模仿,没有"讽刺的冲动、没有嘲笑、没有暗示一种标准的存在"。❶ 而现代主义的戏仿背后隐藏着语言标准和巨大的讥讽冲动,通过夸张事物与标准之间的差异达到讽刺的效果。但是后现代主义不再信仰任何语言标准,这样也就谈不上对标准的背离。每个作者都可以有自己的私人语言,结

---

❶ JAMESON F. Postmodernism and Consumer Society, Postmodernism and Consumer Society [A] //The Cultural Turn: Selected Writings on the Postmodern 1983-1998. London and New York: Verso, 1998: 4-5.

果就是风格多样性。

琳达·哈钦（Linda Hutcheon）则认为"后现代主义戏仿"不但没被"拼贴"取代，反而是后现代主流写作方式。戏仿在模仿原文本时质疑其主题、意识形态及价值观，揭示经典文本的神化过程，是边缘群体直指历史及文化的有力手段。❶ 哈钦还指出，"后现代是一种这样的艺术，它挑战中心化的、整体化的、层级化了的封闭的体系：质疑但并不摧毁……这种艺术意识到了人类对秩序的需要，但同时也指出这种秩序只是我们人类自己创造建构出来的"。❷ 后现代主义戏仿提出的问题是："一些文本如何合法化和权威化？这一经典化过程又如何牺牲了其他文本？"❸ 哈钦认为，后现代主义戏仿是黑人、女性、同性恋者等边缘群体向中心话语提出挑战的有效策略，通过戏仿揭示由白人、男性异性恋操纵的中心话语的建构性。❹

"现代主义戏仿"也挑战固有价值观。那么，它与"后现代主义戏仿"有何区别呢？实际上后者本质上是解构的，即消解原有价值观，指出其非本质性和叙述性，但并不意图建立新的标准。而现代主义戏仿则认为在每个诙谐或犀利的童话改写故事背后都隐藏着一个事情应该是怎样的论点。也就是说，现代主义戏仿旨在以新的评判标准取代旧的标准，

---

❶ HUTCHEON L. A Theory of Parody: The Teachings of Twentieth-Century Art Forms [M]. New York and London: Methuen, 1985: 2.

❷ HUTCHEON L. A Poetics of Postmodernism [M]. New York and London: Routledge, 1988: 41.

❸ 同❷101.

❹ 同❷35.

意图是更为接近已经建立的价值体系的中心。而后现代主义戏仿打破旧的标准，揭示其建构性，提出各种不同于权威标准的可能性，然而并不一劳永逸地给出解决方案，其思维模式是开放性的而非封闭性的。后现代戏仿不意图以"更好的文本"取代原文本，而是认识到任何文本都是某一特定历史环境下权利支配下的话语，是一个永恒变化的过程。本书涉及的大部分后现代女性主义童话改写都属于后现代主义戏仿范畴。

历史编纂元小说

哈钦又在后现代戏仿之后提出"历史编纂元小说"（historiographic metafiction）这一概念。她认为这类小说是最典型的后现代主义小说，兼具有"文本自涉性"和"明显的戏仿互文性"，它既是"元小说也是历史小说"。❶ 这类小说旨在再现历史编纂的过程，同时带有强烈的自我指涉性。"历史编纂元小说"以"元小说"技法作为表达方式，目的是对历史和文化状况发表看法。❷ 换言之，"历史编纂元小说"以小说的形式参与历史编纂，清楚地意识到历史是以叙事为基础的人造物，从而获得对其重新编写、加工的权利，但并不声称改写文本为"真"。这样的小说通过模仿权力话语的生产机制达到对权力话语"揭幕"（dismantling）的目的。幕布拉开后权力话语的运作机制也就展现出来。本书涉及的拜厄特

---

❶ HUTCHEON L. The Politics of Postmodernism [M]. New York and London: Routledge, 1989: 3.

❷ 同❶105-115.

的《占有》(改写《睡美人》等多个童话片段)及阿特伍德的《蓝胡子的蛋》(改写《蓝胡子》)等作品就属于历史编纂元小说的范畴。

  本书提出,当代最具代表性的女性主义童话改写正体现了以福柯理论为基础的后现代女性主义关注的主要内容(身体、主体、话语),形式属于哈钦提出的后现代主义改写(后现代主义戏仿和历史编纂元小说)。本书将从上述内容和形式出发阐述当代女性作家童话改写作品之间的内在联系和共同主题,分析这一文学现象后的哲学思潮,讨论女性主义在新的历史时期的最新变化,强调话语即权利、文本的惩戒凝视作用,及身体在主体问题中的核心地位等。本书提出后现代女性主义童话改写一方面致力于揭幕权力话语对女性身体——主体的规训,另一方面力图创造性地书写积极行动的女性身体——主体,两者作为一个有机整体彼此呼应,构成后现代女性主义意义上的探求女性自主性身体—主体的主题。本书还将运用福柯任何抵抗都只能来源于权力内部的观点解释改写作品中存在的含混,并得出结论——童话改写从总体来说是女性作家在话语领域对以父权为主导的权力关系的抵抗,具体将以5个经典童话——《白雪公主》《灰姑娘》《小红帽》《睡美人》《蓝胡子》为主线,❶选取有代表性的

---

  ❶ 在20世纪70年代至今的故事改写实践中有一小批为人们所熟知的核心故事。它们是《蓝胡子》《白雪公主》《灰姑娘》《小红帽》《睡美人》等。这并非官方承认的经典,实际却是改写的经典。这些故事的共同之处是"女主人公身处险境(狼、女巫、后妈、野兽、丈夫)最后被解救,胜利"。见SHIPPEY T. Rewriting the Core: Transformations of the Fairy Tale in Contemporary Writing [A] //Eds. DAVIDSON H. E., CHAUDHRI A. A Companion to the Fairy Tale. Cambridge: D. S. Brewer, 2003: 261.

后现代女性主义童话改写文本与经典文本进行互文式阅读。

本书的结构安排及各章节主要内容如下。

第一章《白雪公主》——魔镜与"权力之眼":《白雪公主》童话中的魔镜是福柯意义上的"权力之眼",使女性主体在"全景敞视监视"机制下被迫与其他女性形成竞争关系。后现代女性主义改写曝光魔镜及其变体的"权力之眼"本质,揭示在其监视作用下王后和白雪在性别权力关系中所处的相似的弱势地位。

第二章《灰姑娘》——水晶鞋与削足适履:《灰姑娘》童话中的水晶鞋是女性贞操、身体尺寸等及身体规范的象征,起到限制女性自主性和独立意识的作用,使女性为赢得父权褒奖不惜在肉体和精神上削足适履。后现代女性主义改写揭示了灰姑娘、继母、继姐等女性主体在极力迎合规范和标准的过程中遭受的身心伤害。

第三章《小红帽》——小"红"帽与力比多禁忌:小"红"帽代表女性力比多或女性欲望,故事传达的教训是女性如果不压抑和控制自身欲望,则必受到残酷的惩罚。后现代女性主义改写通过重塑"红"帽象征含义、重构仪式性问答、改变角色功能等方式颠覆惩罚式结局,把力比多重塑为女性主体性的重要部分。

第四章《睡美人》——棘墙刺壁内的囚禁与重生:睡美人在被棘墙刺壁封闭的空间沉睡百年,象征着女性耐心、顺从、沉默等"美德"。后现代女性主义改写重新设置人物、重新设计结局,揭示囚困之地内无行动力的女性主体极易成为暴力侵害对象的事实,并倡导积极主动的女性主体和平等的两性关系。

第五章《蓝胡子》——血色密室里的暴力与焦虑：《蓝胡子》童话中的密室测试可视为针对女性的信赖考验，不服从或不忠贞必将遭受父权的暴力惩罚。卡特的后现代女性主义戏仿揭示了经典童话中以暴力胁迫女性服从的真相，同时塑造了英雄母亲的形象以探索自主女性主体的可能性；阿特伍德的历史编纂元小说式改写则探讨经典文本的惩戒性凝视作用以及改写文本反凝视的可能性，并以"蛋"为中心意象建构女主人公在写作和生活中，即话语层和故事层的双重主体性。

马克斯·韦伯在《新教伦理与资本主义精神》提出了"世界的祛魅"（the disenchantment of the world）这一概念，原指西方从宗教神权社会向世俗社会的转型过程中"摈除作为达到拯救的手法的魔力"，"把魔力（magic）从世界中排除出去"，并"使世界理性化"的过程或行为运动。[1] 祛魅的结果是人成为以自我量度世界、征服世界的独立主体。如果说对于女性而言经典童话的功能是"附魅"（enchantment），那么，后现代女性主义童话改写的作用则是"祛魅"（disenchantment），目的是把女性从梦幻般的童话信仰中唤醒，将虚幻的魔力从女性对自我的认知中驱除，解除童话施加于女性主体的"魔咒"。

---

[1] 马克斯·韦伯. 新教伦理与资本主义精神[M]. 于晓, 陈维纲等, 译. 上海：三联书店, 1987：79-89, 185.

第一章

《白雪公主》
——魔镜与"权力之眼"*

---

* 本章中关于《白雪公主》童话和"权力之眼"关系的主要观点已发表。见穆杨. 揭示"权力之眼"——评当代戏仿对白雪公主母题的瓦解 [J]. 外国文学，2015（1）. 本章在原论文的基础上增加历史背景研究、经典童话原文本解读和《雪珠》《苹果的故事》等当代改写文本的分析，并把《白雪公主》的当代改写纳入后现代女性主义理论框架加以综合阐释。

第一章 《白雪公主》——魔镜与"权力之眼"

据考证意大利巴西尔（Giambattista Basile）所作的《年轻的奴隶》("The Young Slave", 1634)❶是白雪公主故事的最早版本。❷除格林的经典版本和迪士尼20世纪影响最大的版本之外，《白雪公主》在欧洲、亚洲、非洲和美洲有几百个版本的故事变体。虽然在不同文化中《白雪公主》的细节千差万别，如毒苹果换成了毒蛋糕，或者水晶棺换成了金棺、银棺，或者后母要求猎人带回的不是心而是肺、肝、肠，或者用白雪公主的脚趾作瓶塞的一瓶血等。❸这个故事的故事核稳固而易于辨识，主要由出生、嫉妒、驱逐、收留、妒火重燃、死亡、陈列、复活、问题解决等。❹

贝特尔海姆把《白雪公主》的母题归结为女孩对母亲的嫉妒，认为女孩在俄狄浦斯情结的作用下把母亲想象成竞争对手和迫害者，通过种种考验最终战胜母亲（后母是生母形象的隐晦变形），从而实现情感宣泄。❺对于贝特尔海姆来说，继母的恶毒源于白雪公主的想象，源于儿童本身的心理困扰。在这样的心理投射机制下，"我嫉妒母亲的一切优势"

---

❶《年轻的奴隶》见 BASILE G. The Young Slave [G] //The Pentamerone. Trans. CROCE B. London: John Lane the Bodley Head, 1932. Reprinted in TATAR M. Ed. The Classic Fairy Tale: Texts Criticism. New York, London: W. W. Norton & Company, 1999: 80-83.

❷《白雪公主》最早版本的考证详见 ANDERSON G. Old Tales for New: Finding the First Fairy Tales [A] //Eds. DAVIDSON H. E., CHAUDHRI A. A Companion to the Fairy Tale. Cambridge: D. S. Brewer, 2003: 87.

❸ TATAR M. The Hard Facts of the Grimms' Fairy Tale [M]. Princeton: Princeton UP, 2003: 74.

❹ JONES S. S. The New Comparative Method: Structural and Symbolic Analysis of "Snow White" [M]. Helsinki: Academic Scientiarum Fennica, 1990: 32.

❺ 布鲁诺·贝特尔海姆. 童话的魅力 [M]. 舒伟, 丁素萍, 樊高月, 译. 北京: 社会科学文献出版社, 2015: 200-201.

就变成了"想象中的母亲嫉妒我"。❶

然而这种以儿童心理为出发点的阐释大大削弱了白雪公主母题的社会话语功能。事实上，嫉妒是广泛存于女性之间的一种原型关系。白雪公主童话广为流传并不断产生变体的主要原因在于其道出了一个本质主义"神话"，一个万变不离其宗的"真理"——"女性之间天然相互嫉妒"。显而易见，嫉妒是白雪公主母题的核心，是推动人物行动和情节发展的主要动力。

正如《阁楼上的疯女人》所指出的那样，"女性之间的联盟在父权社会很难建立；女人在魔镜声音的驱使下几乎不可避免地与其他女人为敌"。❷ 这本著作还富于洞见地从女性主义视角对白雪公主母题进行了颠覆式的解读，指出童话中真正的操控者是从未出现的国王，白雪公主和王后归根结底都是父权的牺牲品，前者失去主体性，后者受到死亡的惩罚。更重要的是，白雪公主和王后是一个女人不同人生阶段的写照。❸

这一论断与当代改写的意图不谋而合，都旨在揭示隐藏在经典童话母题背后的秘密。具有代表性的当代改写作品包括：唐纳德·巴塞尔姆（Donald Barthelme）的长篇小说《白雪公主》（"Snow White"，1967）、安·萨克斯顿（Anne

---

❶ 布鲁诺·贝特尔海姆. 童话的魅力 [M]. 舒伟，丁素萍，樊高月，译. 北京：社会科学文献出版社，2015：204.

❷ GILBERT S.M., SUSAN G. Snow White and Her Wicked Stepmother [A] //Ed. TATAR M. The Classic Fairy Tale: Texts Criticism. New York, London: W. W. Norton & Company, 1999: 293.

❸ 同❷294-296.

第一章 《白雪公主》——魔镜与"权力之眼"

Sexton）的《白雪公主和七个小矮人》（"Snow White and Seven Dwarfs"，1971）、安吉拉·卡特（Angela Carter）的《雪孩》（"Snow Child"，1979）、塔尼斯·李（Tanith Lee）的《雪珠》（"Snow-Drop"，1993）、艾玛·多诺霍（Emma Donoghue）的《苹果的故事》（"The Tale of the Apple"，1997）等。批评界对这些改写文本大多分而论之，且分析的切入点各异，从性别角度得出的结论主要包括：巴塞尔姆小说中的男性审美实质上是一种"性别歧视性凝视"（sexist gaze）；[1] 萨克斯顿的戏仿诗反映了白雪公主和王后代表的两类女性的悲剧，前者"对自己的美不自知，成了愚蠢的玩偶和商品"，后者"对自己的美自知，于是变得残忍，结局注定悲惨"；[2] 卡特的《雪孩》则使人们看到故事的终极意义是"女性和女性之间的竞争"。[3] 上述观点都涉及了改写文本中的性别问题，但未能揭示这些问题的本质和共性。

克里斯蒂娜·巴基莱加（Cristina Bacchilega）横向比较了巴塞尔姆、卡特以及罗伯特·库弗的作品（Robert Coover，*The Dead Queen*，1973），指出"镜子不仅仅主宰了白雪公主的命运，还起到了把性别生产和叙事生产合法化的作用"。[4]

---

[1] NEALON J. T. Disastrous Aesthetics: Irony, Ethics, and Gender in Barthelmee's "Snow White" [J]. Twentieth Century Literature, 2005, 51 (2): 123–144.

[2] OSTRIKER A. That Story: The Changes of Anne Sexton [A]. Ed. COLBURN S. E. Anne Sexton: Telling the Tale. Ann Arbor: The University of Michigan Press, 1988: 263–287.

[3] CHAINANI S. Sadeian Tragedy: the Politics of Content Revision in Angela Carter's "Snow Child" [J]. Marvels & Tales, 2003, 17 (2): 227–228.

[4] BACCHILEGA C. Cracking the Mirror Three Re-Visions of "Snow White" [J]. Boundary, 1989, 15 (3): 3.

祛魅——五个经典童话的后现代女性主义改写

这一评论阐释了几个改写文本的共性,并确定了镜子的核心地位,但未能将一些重要问题一追到底,如镜子作为《白雪公主》童话的中心意象具有怎样的原型价值?其本质是什么?镜子如何导致了女性之间的竞争关系?这样的关系是否具有母题意义?当代改写是如何处理意象与母题之间关系的?目的何在?

女性竞争的核心是美貌,因此王后问魔镜的问题总是"谁是世界上最美的女人?"女性美不仅仅是自然意义上的,更是文化意义上的,并随着时代变化不断被赋予新意。比如,维多利亚时代对女性的审美标准是:圣女一般、轻盈、被动、纯洁。维多利亚时代理想的女性形体呈沙漏形,蜂腰、丰胸。当时的女性用鲸骨裙突出腰部曲线,限制身体正常形态。"轻盈的身体负载厚重的道德",身体与美德相联系。❶ 实际上,"女性竭力取消自己身体的重量是对自我在精神上的一种否定"。❷

19世纪初,富有美德的女性理想形象是纯洁的"灵魂守望者"。她是非身体性的、被剥夺了欲望的象征物,无重量而无助。而男性既被赋予健美的身体,又被赋予崇高的精神,他们被塑造成女性的拯救者。❸ 当女性通过身体美征服世界获得权利时,她的身体也被客体化、审美化、商品化。❹ 女性的自主主体性在这样的"魔镜"下被取消了,权力话语又通过

---

❶ TALAIRACH-VIELMAS L. Moulding the Female Body in Victorian Fairy Tales and Sensation Novels [M]. Hampshire and Burlington: Ashgate, 2007: 36.
❷ 同❶47.
❸ 同❶38-39.
❹ 同❶157.

第一章 《白雪公主》——魔镜与"权力之眼"

"女性气质"这样的知识灌输,让女性反复操演、规训自己的身体,直至成为"权利之眼"注视下真正驯顺的主体。

童话往往暗示女性气质与美感有直接关系。到了20世纪60年代,西方消费社会逐渐形成。在消费社会中以审美为名义,女性身体进一步成为可装饰的表面,成为一种象征符号,成为最主要的消费品。女性美总是与化妆和时尚相结合,女性为了增加美感,就要不断消费。同时,美貌也是一种美德,应该不断培养。就这样,女性被囚禁于自己的身体,进一步被物化,丧失了主体性。无论是睡袍、晚礼服,还是时髦配饰如手绢、围巾、暖手筒、披肩,这些细节不但勾勒出一个有闲时髦女人的形象,还揭示她是一个昂贵商品的事实。在消费社会中批量印刷的女性形象反映出权力话语所规约的女性气质和审美标准,就像魔镜一样起到"监视"(surveillance)作用。女性借由改变身体和容貌赢得独立,但实际上这种独立似是而非。

当代改写敏锐地捕捉到白雪公主母题中的核心问题——女性美和女性竞争关系,并以此为标靶,对经典童话中的"权利之眼"进行抵抗式改写。瓦解母题正是当代改写最主要的意识形态动机,也是与传统改写最本质的区别。如果说《白雪公主》的传统变体❶是对母题的肯定、重复和巩固,那么,当代改写受到女性主义、新历史主义和后结构主

---

❶ 传统的《白雪公主》母题变体包括:意大利巴西尔童话《年轻的奴隶》(Giambattista Basile,"The Young Slave")、德国格林童话《白雪公主》(Brothers Grimm,"Snow White")、苏格兰盖尔语童话《爱尔兰国王女儿的故事》(Lasair Gheug,"The King of Ireland's Daughter")、美国迪士尼动画《白雪公主和七个小矮人》("Snow White and Seven Dwarfs",1937)等。参见Ed. TATAR M. The Classical Fairy Tales. New York and London:W. W. Noron & Company,1999:76-77.

义的深刻影响，是对母题的质疑、颠覆或瓦解。

后现代女性主义改写文本在意象处理方面，着意突显镜子或其变体作为"权力之眼"（福柯）的象征意义；在人物刻画方面，挑战权力话语塑造的二元对立刻板形象，揭示白雪公主是无任何主体性的纯粹欲望客体的事实，对富于自我意识和行动力的王后表达了不同程度的同情；在情节设置方面，把白雪公主的"喜剧"改写为白雪公主和王后两个女性主体在"权力之眼"监视机制下的必然"悲剧"。通过上述"篡改"，改写文本挖掘出女性间嫉妒的根源——"权力之眼"，并从"规训"和"惩罚"两方面展现了"全景敞式监视主义"对女性主体的塑造机制，颠覆了"女性天性善妒"的本质主义观点，揭示了经典童话中"真理"的叙述性及其背后的权力关系，从而起到瓦解母题、挑战权力话语的作用。简言之，当代改写的共同目的正是"打碎镜子"（揭示"权力之眼"）并瓦解母题（揭示女性间嫉妒背后真正的权力关系）。

第一节　魔镜意象及变体与"权力之眼"的曝光

在格林童话《白雪公主》中魔镜的回答总是极有力地引发王后对白雪公主的嫉恨，从而推动情节发展。

第一章 《白雪公主》——魔镜与"权力之眼"

新王后是个漂亮女人,只不过又骄傲又自负,容不得任何人比她更美丽。她有一面魔镜,每当她走到面前照一照,总要问:"镜子镜子,挂在墙上,全国上下,哪个女人最漂亮?"镜子便回答:"王后娘娘,全国您最漂亮。"王后心满意足,因为她知道,镜子讲的是真话。可是,白雪公主慢慢长大了,而且越来越美,到七岁那年已美丽得如同晴朗的白昼,美得甚至超过了王后本人。一天,王后又问镜子:"镜子镜子,挂在墙上,全国上下,哪个女人最漂亮?"镜子便回答:"王后娘娘,这里数您最漂亮;可公主是比您漂亮一千倍的姑娘。"王后大吃一惊,忌妒得脸都青了。从此,一见到白雪公主,她心里就怪难受,因此恨死了小姑娘。❶

当白雪公主吃了毒苹果倒在地上时:

王后目光凶残地打量着她,狂笑道:"好一个白得像雪,红得像血,黑得像乌檀木!这回那七个小矮子再也救不活你啦!"她一回到家立刻问魔镜:"镜子镜子,挂在墙上,全国上下,哪个女人最漂亮?"镜子终于回答:"王后娘娘,全国您最漂亮。"这样,她那颗忌妒的心才勉强安定下来,因为一颗忌妒的心是得不到真正的安宁的。❷

---

❶ 雅各布·格林,威廉·格林. 白雪公主[G]//格林童话全集. 杨武能,杨悦,译. 南京:译林出版社,1993:189-190.
❷ 同❶195.

祛魅——五个经典童话的后现代女性主义改写

王后对白雪的嫉妒源于魔镜的判断和回答，而魔镜正是福柯定义的"权力之眼"。

《白雪公主》的后现代改写究其本质正是为揭示经典童话中所隐藏的这样一双看不到又无所不在的眼睛。在《看的方式》一书中，约翰·伯格（John Berger）注意到在西方文化中"男性看女性，女性看自己如何被看"，因此，每个女性用以审视自我的都是男性视角。如此，她便把自己当成了客体——尤其是被看的客体——或一种景观。❶ 被看性是女性主体的根本属性，看女性的正是"权力之眼"。让·鲍德里亚（Jean Baudrillard）在《消费社会》（*The Consumer Society*）中写道："对女性有一种潜在的恐怖主义……让她完全处于恋物癖逻辑和视觉逻辑关注自己的身体，使自己成为展示给外部世界的更光滑、更完美、更有用的客体……但所有的对身体的调整和改变都绝非以自我主体为目的"。❷ "权力之眼"或"惩戒性凝视"与传统女性主义批评中的"男性注视"不同，它既不是某位特定男性的目光，也不是泛指男性目光，而是指所有社会成员的目光，一个在权力关系下被统一了的标准，它通过话语在社会成员中普及，是一种社会普遍接受的规范。

劳拉·穆尔维（Laura Mulvey）在《视觉快感与叙事电影》（"Visual Pleasure and Narrative Cinema"，1975）中指出"在一个由性的不平衡所安排的世界中，看的快感分裂为主

---

❶ BERGER J. Ways of Seeing [M]. Harmondsworth: Penguin Books, 1984: 46-47.

❷ BAUDRILLARD J. The Consumer Society: Myths and Structures [M]. London: Sage, 1998: 131.

第一章 《白雪公主》——魔镜与"权力之眼"

动的/男性和被动的/女性"。❶ 男性的欲望主要来自视觉隐喻和凝视的快感。在强制异性恋的规范下，女人为了被男人看到，尽快进入社会所认同的婚姻，总是与同性产生竞争关系。

边沁设计的全景敞式监狱（panopticon）又译为环形监狱，中心设有一个瞭望塔，塔内有一圈圆形窗户，面向环形建筑中被分隔开来的小囚室。由于逆光原理，囚者无法看到巡视者是否正在塔内监视，这种向心的可见性使囚者无时不感到处于监视之下，从而被迫自律。❷ 在福柯的剖析下，全景敞式监狱是"被还原到理想状态的权力机制的示意图"，是一种"政治技术的象征"。❸ 在一次访谈中福柯用"权力之眼"（the eye of power）比喻"全景敞式监视主义"（panopticism）的中心，瞭望塔上那双看不到却又无时不在的监视之眼。❹ 在现代社会，权力通过话语在社会成员中普及针对身体的统一标准或普遍规范，主体内化这些标准和规范，实施自我监视。也就是说，主体透过"权力之眼"对自我进行全天候的监视和规训。

后现代女性主义者则进一步指出"权力之眼"对于女性

---

❶ MULVEY L. Visual Pleasure and Narrative Cinema [A] //Eds. WARHOL R. R., HERNDL D. P. Feminisms: An Anthology of Literary Theory and Criticism. New Brunswick: Rutgers UP, 1997: 438-448.

❷ FOUCAULT M. Discipline and Punish: the Birth of the Prison [M]. Trans. SHERIDAN A. New York: Vintage Books, 1979: 200.

❸ FOUCAULT M. Power/Knowledge: Selected Interviews and Other Writings 1972-1977 [C]. Ed. CORDON C. Trans. GORDON C., MARSHALL L., MEPHAM J., SOPER K. Sussex: The Harvester Press, 1988: 230.

❹ 同❸152.

来说还具有强烈的父权意味,因为女性自我监视的标准是以男性利益为主导制定的。与福柯提出的"权力之眼"控制下身体的标准化相呼应,女性主义者列出三类特别针对女性的身体规训技术:(1)身体尺寸与形状;(2)身体动作与举止;(3)身体作为被装饰的表面等。❶ "权力之眼"通过经典童话在社会成员包括女性主体中普及评判标准,女性按照内化的标准监视自己的身体,规训自己的行为,直至在反复操演下形成行为习惯,成为驯顺的主体。在经典童话《白雪公主》中上述机制主要体现为身体审美对于女性命运和女性之间关系的决定性作用。

"镜子镜子,挂在墙上的镜子。世上哪个女人最美丽?"❷ 在经典童话中魔镜是权力之眼的象征,它全知全能推动故事的发展,然而似乎又不具有任何性别属性。福柯所指的"权力之眼"普遍作用于社会成员,然而后现代女性主义者认为,"权力之眼"双重压迫女性,即父权社会中"权力之眼"既是针对所有社会成员的又是尤其强加于女性的,即权力之眼是父权之眼。这一点在后现代改写作品中得到体现。

格林童话《白雪公主》的情节围绕三个女人——白雪公主、生母及继母展开,而父亲是隐形和缺场的。白雪公主诞生于母亲在一个雪天的心愿,父亲的形象在整篇故事中难觅踪影。但父亲真的不在场吗?在格林童话中没有出现父亲的

---

❶ Bartky S. L. Foucault, Femininity, and the Modernization of Patriarchal Power [A] //Ed. BURKE P. Critical Essays on Michel Foucault. Aldershot:Scolar, 1992:180.
❷ 雅格布·格林,威廉·格林. 白雪公主 [G] //格林童话全集. 杨武能,杨悦,译. 南京:译林出版社,1993:189.

形象,但父亲绝非无足轻重,因为后母已经内化了国王的规则。格林童话《白雪公主》从男性视角展开。镜子即为男性目光的化身——是女性容貌和美德的评判者,也是女性命运的主宰者。只有年轻美貌者才能受到镜子的垂青和眷顾。一旦年华老去,命运大体悲惨,不是像白雪公主的生母一样善良地死去就是像她的继母那样变成恶毒的妒妇。因此,即使表面上看,父亲不在场,他的权力却无处不在。正如卡特所言:"在棋盘上国王一直是主宰者。"❶ 还有批评家指出"表面上看,白雪公主因母亲的愿望而诞生,父亲并未参与其中。但事实上,作为一个人物形象,她反映了被她母亲内化了的理想女性形象"。❷

大多数经典童话中都隐藏着这样一双看不到又无所不在的眼睛。在话语循环过程中不断地作用于处于权力关系中的主体,尤其是女性主体,使她们在"惩戒性凝视"下自我规训,按权力制定的"标准"审视自己和其他女性,成为符合父权社会规范的驯顺主体。"权力之眼"或"惩戒性凝视"与传统女性主义批评中的"男性注视"不同。它并非某位国王、王子、情人的目光,甚至也并非泛指男性目光,而是指一种社会中所有成员的目光,这是一个在权力关系下被统一了的标准,通过话语在社会成员中普及,是一种社会普遍接受的规范和标准。因此,无论是《白雪公主》中的生母、后母和王子都对白雪公主有统一的判断,但判断标准背后是男

---

❶ CARTER A. The Sadeian Woman: An Exercise in Cultural History (1979) [M]. London: Virago Press, 2000: 80.

❷ BACCHILEGA C. Cracking the Mirror Three Re-Visions of "Snow White" [J]. Boundary, 1989, 15 (3): 4.

性利益。"权力之眼"以魔镜的方式出现在故事之中。

在经典童话中，镜子既是女性美的评判者，也是女性命运的主宰者，全知全能推动着情节发展。从表面看，镜子权威而公正，无性别属性。但实际上，"他（国王）的声音就隐藏在她（王后）的镜子后面，她的头脑之中"。❶ 虽然表面上国王不在场，他的权威却从未缺场，因此，镜子是带有明确父权属性的"权力之眼"的化身。后现代女性主义改写文本不约而同地把镜子这一意象或其变体前台化，从而揭示出其"权力之眼"的性质及运作机制，以达到瓦解母题的目的。

在萨克斯顿❷的仿诗《白雪公主和七个小矮人》❸ 中镜

---

❶ GILBERT S. M., SUSAN G. Snow White and Her Wicked Stepmother [A] // TATAR M. The Classic Fairy Tale: Texts Criticism. New York, London: W. W. Norton & Company, 1999: 293.

❷ 美国自白派女诗人安·萨克斯顿（Anne Sexton）开创了20世纪70年代以来女性改写童话的潮流，也是其中最具代表性的作家之一。她受到女儿的启发改写了《小红帽》《白雪公主》《睡美人》《灰姑娘》等17个脍炙人口的格林童话故事，结集出版称作《变形》（*Transformations*，1971），这本诗集自问世以来获得了批评界几乎一致的赞誉。有的批评家甚至认为萨克斯顿这组改写的童话 "堪与格林童话原著媲美"。（YOUNG V. Review of Transformations[A]//Ed. COLBURN S. E. Anne Sexton: Telling the Tale. Ann Arbor: The University of Michigan Press, 1988: 255.）。还有批评家认为这组改写诗歌 "富有创意，令人称奇，充满机智，创造了童话改写的典范"（HALL C. K. B. Anne Sexton. Boston and Massachusetts: G. K. Hall &Co., 1989: 98.）。除集中展现了萨克斯顿的艺术风格之外，《变形》还标志着她创作方向的转变，她开始尝试一种新的探索自我的模式。不能说这不是一种自白诗，只是从这卷诗开始，萨克斯顿更加懂得如何把自我意识和文化批判、私人话语和公共话语融合在一起了。

❸ 萨克斯顿的《白雪公主和七个小矮人》引文出自 SEXTON A. Snow White and the Seven Dwarfs [G] //Transformatvons, The Complete Poems of Anne Sexton. Boston: Houghton and Mifflin, 1981: 224-229. 引文为笔者自译，不再另注。

第一章 《白雪公主》——魔镜与"权力之眼"

子是这样登场的："继母有一面常照的镜子——/一个像天气预报似的玩意——/她总会问，/墙上的镜子啊，/这个世上谁最美？/镜子总是回答，/这个世上您最美。/骄傲就像毒药一样在她胸口澎湃。//突然有一天镜子回答道，/王后，您确实很美，不假，/但白雪公主比您还美。/在此之前白雪公主，/就像床底的老鼠，/无足轻重。/但现在王后看到了自己手上的斑点，/和嘴唇上的四道细纹/于是她诅咒白雪公主/一定要叫人把她劈死"。❶ 几处"添枝加叶"恰恰突显了镜子的"权力之眼"本质。首先当镜子对王后的美貌给予最高评价时，王后的"骄傲就像毒药一样在她胸口澎湃"。在西方形而上学的传统中，女性一直和身体紧密相连。波伏娃指出："男性认为自己是纯粹的意志，绝对的精神，而女性则是与之对立的身体。"❷ 身体一直是父权社会对女性评价的第一标准，这一点在经典童话《白雪公主》得到了典型体现。王后认同父权对女性价值的判断标准，认可权力话语的评判权威，从而沦为审美客体，失去了存在主义意义上主体的超越性和选择自由，这样她的"骄傲"只能是"毒药"。另外，在王后心目中，"在此之前白雪公主，/就像床底的老鼠，/无足轻重"。王后对白雪从不屑一顾到刻骨仇恨，主要是因为镜子的判断。正因为镜子把女性置于审美客体地位，对她们进行监视和奖惩，女性才被迫相互竞争、敌视。最后，王后看到了"自己手上的斑点，/和嘴

---

❶ SEXTON A. Snow White and the Seven Dwarfs [A] //The Complete Poems of Anne Sexton. Boston：Houghton and Mifflin，1981：227.

❷ BEAUVOIR S.D.The Second Sex [M]. Trans and Ed.H.M.Parshley.London: Jonathan Cape, 1972: 146.

唇上的四道细纹"。在无法改变衰老这一事实的情况下，她做出了谋害白雪公主的决定。此细节进一步揭示王后已内化了"权力之眼"，并按照其标准对自己的身体实施严格监视的事实。

萨克斯顿还戏仿了王后与镜子的几次对话，对看似忠实于原童话的问答仪式做了耐人寻味的加减法，映射出经典童话对读者的普适影响力。"墙上的镜子……/镜子说/然后王后就穿上褴褛的衣衫，/打扮成个小贩出去追杀白雪公主。……//墙上的镜子……/镜子说/王后又一次穿上褴褛的衣衫，/白雪公主又一次开了门……//但是镜子说，/于是王后又来了"。❶ 问答过程逐步简略，但理想读者在每个省略处都会心一笑，因为他/她对于缺省部分心领神会。戏谑效果的产生正说明童话是权力话语的重要组成部分，对主体（包括读者）具有普遍的控制力，意识到这一点的读者就已经和作者一起参与到了权力话语的重新建构之中。

"权力之眼"对于女性的普遍影响在诗的结尾处被进一步点明："与此同时白雪公主上朝了，/转动着娃娃般深蓝色的眼睛/还时不时地照照镜子/就像所有女人一样"。❷ 这正是白雪公主焦虑性自我监视的开始。新的轮回即将开始，白雪公主也终将变成下一个恶毒王后，这样她们在本质上的二元对立就被消解了。白雪公主爱照镜子"就像所有女人一样"，

---

❶ SEXTON A. Transformations, The Complete Poems of Anne Sexton [M]. Boston: Houghton and Mifflin, 1981: 227.
❷ 同❶229.

第一章 《白雪公主》——魔镜与"权力之眼"

进一步点明了"权力之眼"下女性主体实施自我监视的普遍性。对女性而言,权力模式不改变,这样的循环就会继续下去。

如果说萨克斯顿的改写依然"忠实"于原童话,把镜子作为象征"权力之眼"的意象,那么卡特❶的《雪孩》❷则把"权力之眼"具化为伯爵的眼睛。经典童话中白雪公主应生母的心愿而诞生,父亲并未参与其中。但事实上,作为一个人物形象,她反映了"被她母亲内化了的男性心目中的理想女性形象"。❸而卡特剥去了原童话中的叙事伪装,直接用伯爵的欲望代替生母的愿望。伯爵与夫人策马雪上,忽然天

---

❶ 英国当代小说家安吉拉·卡特(Angela Carter)是当代从事童话改写的作家中最受关注的一位。她于1979年发表的《血淋淋的密室》(*The Bloody Chamber*)是一本引起学术热潮的童话改写故事集。仅在1992~1993这一学年,英国学术委员会就收到四十余份拟以卡特的作品为研究对象的博士学位论文申请,这使她成为"20世纪文学领域最时髦的话题"(SAGE L. Women in the House of Fiction: Post-War Women Novelists [M]. Hampshire and London: Macmillan, 1992: 3.)。肖尔沃特称她是"能够进入文学主流的新崛起的小说家代表之一,是后现代技巧的创新者、关注政治的观察家、创造力无限的会讲故事的作家"。(SHOWALTER E. Twenty Years on: "A Literature of Their Own" Revisited [A]. *A Forum of Fiction* 31 13th Anniversary Issue: III. [Summer, 1998]: 323.)而卡特最重要的成就是短篇小说,尤其是"对民间故事和童话故事的改写"。(TUCKER L. Introduction [A] //Ed. TUCKER L. Critical Essays on Angela Carter. New York: G. K. Hall & Co., 1998: 3.)正是童话改写使她进入主流(BENSON S. Angela Carter and the Literary Marchen [A] //Ed. ROEMER D. M., BACCHILEGA C. Angela Carter and the Fairy Tales. Detriot: Wayne STATE UP, 2001: 3.)。而卡特自己也声称她写作的目的正是"祛魅",因为她坚信神话和童话是"奴役人们的谎言"(CARTER A. Nothing Sacred (1982). [M]. London: Virago Press, 1987: 25.)。

❷ 《雪孩》引文出自 CARTER A. The Snow Child [G] //The Bloody Chamber (1979). London: Vintage Books, 1995: 91-92. 引文为笔者自译。

❸ CRISTINA B. Cracking the Mirror Three Re-Visions of "Snow White" [J]. Boundary, 1989, 15 (3): 4.

降大雪，伯爵发愿希望得到一个雪一样的女孩——冰肌玉肤、丹朱红唇、发黑如檀。他刚刚许完愿路边就出现了一个这样的女孩，"赤裸地站在路边。她是他欲望的产物，伯爵夫人妒火中烧"。❶ 此处改写直指一个事实，冲突的主导者并非女性（王后/伯爵夫人）而是男性（国王/伯爵）。伯爵夫人正是看到伯爵那充满欲念的眼睛才妒火中烧，而他的眼睛和魔镜一样拥有至高权威，是"权力之眼"的象征。在经典童话中"权力之眼"及它的性别属性被抹去，在卡特的戏仿文本中却以伯爵欲念之眼的形式被着以重墨。《雪孩》直接呈现出的三角关系揭示出格林童话让镜子作答只是一种叙事策略，而正是权力关系中男女不平等的地位造成女性间的敌对。

《雪孩》还原了这样的一双父权之眼，"父亲"在场的事实被突显了出来。首先，雪孩儿就是伯爵欲望的产物。卡特故事中"男性（伯爵）的欲望"取代了格林童话中"女性（生母）的愿望"。伯爵与夫人策马雪上，忽然天降大雪，伯爵于是发愿希望有一个"雪一样的女孩——冰肌玉肤、丹朱红唇、发黑如檀"。❷ 实际上，这白、红、黑三色用童话高度概括的方式展现了父权社会对女性美貌的标准。无论时代如何变化，童话的永恒魅力就在于高度概括与抽象，雪肌、红唇、黑发正是男性定义的女性美的一种象征。格林童话中生母正是内化了男性审美标准后才产生了生下这样一个女孩的愿望。但这样的情节把父亲的愿望隐去，读者很难发现那双

---

❶❷ CARTER A. The Snow Child [G] //The Bloody Chamber (1979). London: Vintage Books, 1995: 91.

第一章 《白雪公主》——魔镜与"权力之眼"

"权力之眼",而卡特的改写把这个事实摆到了桌面上。这一事实也随故事发展逐渐明朗起来。伯爵刚刚许下愿望路边就出现了这样的一个女孩,"赤裸地站在路边。她是他欲望的产物,伯爵夫人妒火中烧"。❶ 这不禁使读者愕然,卡特毫不掩饰地揭示出,白雪公主故事矛盾冲突的主宰者并非王后而是国王。而国王(伯爵)的力量来自与魔镜一样有绝对权威的"眼睛",而眼睛实质上是"权力之眼"。"权力之眼"的性别属性被经典童话隐去,但在卡特的故事中以"伯爵欲望之念"的形式被凸现出来。

卡特在《萨德式的女人》(The Sadiean Women,1979)中曾这样描述两性在性关系中的不平等地位。男性往往是欲望的主体,而女性则是欲望的客体。卡特的童话改写文本揭示了"权力之眼"下女性由于成为欲望的客体,丧失主体性的过程。

在巴塞尔姆的长篇小说《白雪公主》❷ 中"权力之眼"则以大楼窗口的形式反复出现。窗口既是男性看的视角,也是女性被看的展台。甚至可以说,小说中的男性都有着程度不同的窥视癖,而白雪公主则带有自我异化倾向的暴露癖。看和被看在巴塞尔姆关于两性关系的符号游戏中起着核心作用。白雪公主最常出现的地方是窗口,"她紫檀一

---

❶ CARTER A. The Snow Child [G] //The Bloody Chamber(1979). London:Vintage Books,1995:91.

❷ 巴塞尔姆的长篇小说《白雪公主》引文出自 BARTHELME D. Snow White [M]. New York:Atheneum,1980. 引文为笔者自译,不再另注。

样黑的长发在窗口摇曳"几乎贯穿整部小说。❶ 白雪公主的七个同居者（小矮人原型）主要靠清洗大厦玻璃谋生，这项工作的重要乐趣即是从窗边看"女人和女孩汇成的河流"，而女性被彻底物化为男性欲望的"靶子"。❷ 白雪公主虽是受过高等教育的都市女性，但在七个同伴眼中仍然只是身体层面的审美客体。他们观察白雪的地方常常是颇具象征含义的窗口"我们望着白雪公主，她圆润的嘴唇和脸蛋，和她那女人味十足的身姿在那里摇曳，在窗口"。❸ 保罗（王子）也是通过窗口对白雪一见钟情："我尤其要回想的是从那扇窗飘散下来的长长黑发……那头发，真美，我得承认……头发很有可能联系着一个姑娘，她还肩负着各式各样的责任……牙齿……钢琴课……"❹ 窗口作为"权力之眼"的象征，联系着看与被看、主体与客体。

经典童话中的白雪对自己的美貌不自知，但巴塞尔姆的女主人公在窗口表现出的则是一种自觉的搔首弄姿："形式表现过的古老母题。我现在又重新演绎一番，让那帮凡夫俗子大吃一惊，好让我的爱欲生活焕然一新"。❺ 这番内心独白揭示了白雪的行为不完全是对"权力之眼"的混沌盲从，而是运用身体策略对权力进行的某种抵抗。然而这种策略往往陷入肯定"权力之眼"的权威，加强其监视作

---

❶ BARTHELME D. Snow White [M]. New York: Atheneum, 1980: 13, 89, 111.
❷ 同❶8.
❸ 同❶21.
❹ 同❶13-14.
❺ 同❶80.

第一章 《白雪公主》——魔镜与"权力之眼"

用的危险。某种程度上,这也正是白雪陷入苦闷的原因:"白雪又把她的头发从窗口垂下来……她刚刚用普雷尔牌香波洗过。她现在心里正充满着对这个由男人主宰的物质世界的某种程度的恼怒"。❶ 这说明女性利用自己的身体来实现主体性,通过顺从"权力之眼"来反抗之就不得不陷入一种悖论。

李的《雪珠》❷ 讲述了一个惊悚残酷、现代背景的超现实主义故事,以《白雪公主》为主要源文本,同时还穿插了《蓝胡子》的童话和达芙妮·杜穆里埃(Daphne Du Maurier)《吕蓓卡》("Rebecca",1938,又译《蝴蝶梦》)中的元素。❸ 宅邸的男主人是一位艺术家,他不出场,但他的"艺术家之眼"所看到的女性形象以画作的形式挂在宅邸各处,使整个建筑渗透出寒冷而幽暗的气息,充满了紧张的画作中的"雪珠"和后母之间的女性较量。这不正是《吕蓓卡》中已经死去的庄园女主人吕蓓卡和新女主人之间在"权力之眼"作用下竞争关系的再现吗?女性作为艺术创作和艺术鉴赏中的被动审美客体的事实也在"艺术家之眼"的注视下被凸显出来。这是"权力之眼"在审美领域的曝光。

---

❶ BARTHELME D. Snow White [M]. New York: Atheneum, 1980: 131.
❷ 《雪珠》引文出自 LEE T. Snow-Drop [G] //Eds. DATLOW E, WINDLING T. Snow White, Blood Red. New York: Avon Books, 1993: 105-129. 引文为笔者自译,不再另注。
❸ 达芙妮·杜穆里埃《吕蓓卡》的故事情节详见本书第五章。

祛魅——五个经典童话的后现代女性主义改写

在多诺霍（Emma Donoghue）❶的《苹果的故事》❷中"权力之眼"则直接被揭示为父亲的眼睛。女儿白雪对年龄相近的继母"本能"地敌视，因为儿时的歌谣告诫她"继母都是蛇蝎心肠"。在白雪初潮之日，国王父亲迎娶了年轻的继母。她与她年龄相仿，容貌相当，两人之间有一种天然的吸引。然而要达成女性间的姐妹情谊，她们须要排除权力话语布下的障碍。经典童话（又如歌谣）作为权力话语，往往灌输给孩子限制性的、固化了的角色以及与其他人的关系。在多诺霍的故事中，公主提到"在群臣面前她用柔软的嘴唇亲吻了我的额头。但许许多多的歌谣教会我继母的微笑像毒蛇的微笑，于是我向她关闭了心扉"。❸ 改写作为抵抗话语质

---

❶ 艾玛·多诺霍（Emma Donoghue）是加拿大裔爱尔兰剧作家、文史学家和小说家。作为小说家、史学家、编辑，她一直为了使女同性恋不再被遮蔽进行着努力。《亲吻女巫》（Kissing the Witch，1997）就是多诺霍大胆宣示女同性恋存在的一部童话故事集，其中包含13个故事，前12个改编自夏尔·佩罗、格林兄弟、安徒生等人的经典童话故事，比如《灰姑娘》《白雪公主》《美女与野兽》等，最后一个故事则是多诺霍自创的新故事。多诺霍用简单明了的语言将传统童话故事中被视为理所应当的异性恋改写成大胆的女同性恋关系。

❷ 《苹果的故事》引文出自 DONOGHUE E. The Tale of the Apple［G］// Kissing the Witch. London：Hamish Hamilton，1997：43-60. 引文为笔者自译，不再另注。本书分析了多诺霍《亲吻女巫》中的两个故事《苹果的故事》《鞋的故事》，分别改写了经典童话《白雪公主》《灰姑娘》。李彦玲对本书关于这两个故事的部分论述有资料和文字上的贡献。她硕士在读期间（2012~2015年）参与笔者主持的国家社科基金项目"当代英美小说中的改写现象研究"，2015年在项目研究框架下完成硕士学位论文《从不当身份到适当身份——论〈亲吻女巫〉对女同性恋身份的建构》（From Unbecoming to Becoming：The Constructing of Lesbian Identity in Kissing the Witch），现在纽约州立大学石溪分校攻读英美文学专业博士学位。

❸ DONOGHUE E. The Tale of the Apple［G］//Kissing the Witch. London：Hamish Hamilton，1997：45.

第一章 《白雪公主》——魔镜与"权力之眼"

疑"常识",如女性之间本质上对立这样的论断。

《苹果的故事》揭示出"权力之眼",在故事中被实体化为国王的眼睛,是造成竞争关系的根源。国王不但充当裁判,甚至客观上离间了王后和公主之间的关系,让她们相互竞争,以赢得他的喜爱。他本人则在这样的权力关系中占据绝对的主导权和优势。"有一天他夜里来到了她的房间,发现我们俩都在,盘腿坐在一大堆天鹅绒和蕾丝中间,研究自己的耳环戴在对方耳朵上的效果。他把头向后挪了挪打量着我们笑了。说'从未见过两个如此美貌的女士坐在一张床上。但你们谁更美呢?'"❶这声音如此熟悉,在格林童话中这不正是后母一次又一次问魔镜的问题吗?"我们面面相觑不禁在他的笑声中默契地笑了起来。现在回忆起来,我们的笑声是不是有点变调了呢?要知道,她是头发煤一样乌黑,我的头发檀木一般乌黑。我们的嘴唇都一般红艳。面颊白得像一本书中合在一起的两页白纸。但我们的长相不同,根本没有可比性。父亲这时又发出大笑。告诉我,我怎么才能判断你们两位美人谁更美呢?"❷"我看了看继母,她也在看着我,我们的眼睛就像对方的一面镜子,形成了一长串的折射映像,无尽地空洞。"❸此处描写已经点明"权力之眼"源于男性注视,但最终被女性内化,成为她们审视自我和其他女性的标准。

在这样苛责而残酷的目光拷问下,女性情谊很容易瓦解。国王站到她们之间,国王无疑希望家庭和睦。"父亲很

---

❶❷ DONOGHUE E. The Tale of the Apple [G] //Kissing the Witch. London: Hamish Hamilton, 1997: 46.

❸ 同❶47.

乐意看到我们如此亲密"，❶ 但国王还代表了除去家长之外的另外一种视角，即社会视角、男性习惯视角、对女性的评判体系，即权力之眼。也许离间这母女的友谊并非他作为父亲和丈夫的本意，但作为"权力之眼"的化身，他的"无意识"之举达成了这样的效果。多位作家将"权力之眼"具体化为男性之眼，而且是拥有世俗权力的国王之眼，正是因为他们认识到了"权力之眼"背后的权力关系。女性按照这样的标准审视自我，不自觉被客体化，失去了主体的自为性，沦为被动而驯顺的主体。同时，多诺霍也指出了这种"竞争"机制的无聊。抵抗这一权力话语的方法是从内部瓦解它，揭示问题本身存在的问题。白雪终于意识到，她和继母之间不应该比较谁更美，她们只是不同。

上述当代改写分别用镜子、伯爵的眼睛、窗口、国王的眼睛、艺术家母亲的眼睛象征具有父权属性的"权力之眼"，展现了"权力之眼"内外的主客体关系，把经典童话中以镜子意象作为掩护的"权力之眼"从幕后推向台前，并在话语层面上打破了那面"魔镜"。

第二节 白雪公主与"权力之眼"的规训

波伏娃曾指出："年轻女孩儿绝对无法忽视自己的外貌

---

❶ DONOGHUE E. The Tale of the Apple [G] //Kissing the Witch. London: Hamish Hamilton, 1997: 48.

第一章 《白雪公主》——魔镜与"权力之眼"

打扮;因为无论公主还是牧羊女,漂亮的外表是赢得爱与幸福的先决条件;相貌平平者往往被认为心肠恶毒,相貌丑陋的几乎必遭厄运。悲惨的结局与其说是对她们所犯罪行的惩罚倒不如说是对她们不受欢迎的容貌的惩罚。"❶ 这段评论鞭辟入里地揭示了童话作为权力话语以身体美为标准对女性主体的惩罚与规训的事实,而所谓命运正是"权力之眼"对主体奖惩的结果。女性对"权力之眼"下的审美规范趋之若鹜,根本原因也是权力运行中的奖惩机制。

福柯认为规训系统的核心是惩罚机制,它通过一套规则,制定具体的规范,以特定的衡量形式享有审判的特权。在规训过程中"满足与惩罚"是二位一体的。规训机制通常对主体进行对比、区分、划分等级、使主体同一化。❷ 以镜子为象征的"权力之眼"通过"标准化"和"奖惩机制"规训女性身体,塑造驯顺的主体。女性内化了"权力之眼",对自己的身体进行监视,时时审视身体的"规范性",处处迎合"标准",被"权力之眼"禁锢。

格林童话《白雪公主》主人公的名字即来自她的身体之美。

> 寒冷的冬天,雪花像羽毛一样从天上飘落下来,一位王后坐在乌檀木框子的窗户前做着针线。她一边缝着,一边望着空中飞舞的雪花,针一下子扎破了手指

---

❶ BEAUVOIR S.D. The Second Sex [M]. Trans. and Ed. PARSHLEY H.M. London: Jonathan Cape, 1972: 294.

❷ FOUCAULT M. Discipline and Punish: the Birth of the Prison [M]. Trans. SHERIDAN A. New York: Vintage Books, 1979: 177-183.

祛魅——五个经典童话的后现代女性主义改写

头，血流出来，滴了三滴在雪地里。血红红的，衬着白雪，格外美丽。于是王后想："要是我有个孩子，有个白得像雪，红得像血，头发黑得像乌檀木的孩子，就好啦！"过了不久，<u>她生下一个女儿，果真皮肤雪白，嘴唇血红，头发像乌檀木一样黑油油的，因此就给她取名叫"白雪"</u>。❶（下画线为笔者为强调所加）

"皮肤雪白，嘴唇血红，头发像乌檀木一样黑油油的"，身体之美引发了其他女性的嫉妒，但最终为她赢得了王子的垂青。白雪公主作为主体却乏善可陈。她天真、无辜、任人摆布。当代戏仿文本不约而同地颠覆了白雪公主这一完美女性形象。主人公都没能"从此过上幸福的生活"，被物化的白雪公主们或木偶般麻木不仁，或行尸走肉般任人踩躏，或愤世嫉俗游戏人生，个个落得个凄惨的结局。

萨克斯顿开篇即点明了白雪公主被物化和客体化的事实："无论你过的是什么样的生活，/处女都是招人怜爱的可人儿：/面颊柔弱得像脆脆的香烟纸，/胳膊腿儿白得像丽貌奇瓷，/嘴唇红得像罗纳河谷的葡萄酒，/眨着娃娃似的中国蓝的眼睛，/一睁一闭。/睁开的时候会说，/你好妈妈，/闭上是因为冲过来的独角兽。/她还从未被开垦过。/她像海鲢鱼一样苍白。/从前有个可爱的处女，/名叫白雪公主。"❷白雪公主在"权力之眼"的注视下其身体/主体被割裂。她的

---

❶ 雅各布·格林，威廉·格林. 白雪公主 [G] //格林童话全集. 杨武能，杨悦，译. 南京：译林出版社，1993：188-189.

❷ SEXTON A. Snow White and the Seven Dwarfs [G] //The Complete Poems of Anne Sexton. Boston：Houghton and Mifflin, 1981：224.

第一章 《白雪公主》——魔镜与"权力之眼"

面颊、四肢和嘴唇分别被比喻成"香烟纸""丽貌奇瓷"和"罗纳河谷的葡萄酒",是供人赏玩、品尝、观瞻和消费的客体。这一系列比喻揭示了白雪公主被物化的事实,也引发读者对"权力之眼"下女性身体美本质的反思。

白雪公主也是欲望的客体。她逃到森林,处处是欲望的眼睛,"被看"的陷阱:"在每个拐弯的地方都有二十道门,/每扇门旁都蹲着一只饿狼,/耷拉着的舌头活像蠕虫。/鸟儿色迷迷地朝她聚了过来,/粉红色的鹦鹉七嘴八舌地议论,/一条条蛇绕成圈套倒挂下来,/每条都像绞索要缠住她可爱白嫩的脖子。"❶ 白雪公主彻底沦为猎物,她作为客体的无助被夸张渲染,与原童话中隐去女性作为欲望客体的叙述形成对照。

白雪公主逃到森林遇到了七个小矮人,萨克斯顿对他们显然也并没有好印象,不像迪士尼那样把他们描写成善良的好好先生。她把小矮人称为"小热狗",说他们"傲慢自大""下巴松弛活像一群沙皇"。他们权衡之下认为白雪的到来是好兆头,于是把她留下干家务,嘱咐她听话,像对一个孩子。格林童话中小矮人们天生"整洁",不需要管家,而到了迪士尼动画中他们被描写为天生"邋遢"。迪士尼中的白雪公主是集美貌和勤劳为一身的理想主妇。他们答应收留白雪公主但条件是"如果你能做家务,做饭、铺床、洗衣、缝补、编织,保持所有东西都一尘不染,我们就会提供你所

---

❶ SEXTON A. Snow White and the Seven Dwarfs [G] //The Complete Poems of Anne Sexton. Boston: Houghton and Mifflin, 1981: 226.

需要的一切"。❶这种家庭经济学也说明了女性身体除审美功能外的另一种功能，即家庭中的劳动力的功能。迪士尼的白雪公主是典型的维多利亚家庭小说中的理想女性形象，她操持家务，照顾7个人的起居。顺从、自我否定、谦逊、幼稚、勤劳、有母性，是典型的"家中天使"。美貌加服务塑造了更为驯顺的女性主体。在女诗人的笔下，白雪公主是彻底的男性话语下的受害者。

《雪孩》则描述了女性沦为纯粹欲望客体的极端境况。经典童话中白雪公主是母亲愿望的产物，卡特的雪孩儿则是"父亲"欲望的产物。公爵与夫人骑马漫步在林间的小路上，此时漫漫的雪飘落下来。看到纷飞的雪花，公爵道出了自己的欲望：我但愿能拥有一个皮肤像雪一样白，嘴唇像血一样红，头发像鸟的羽毛般乌黑的女孩。而雪孩作为这种欲望的化身果然出现了。她的皮肤雪白，嘴唇嫣红，头发乌黑，就赤裸裸地站在路边。雪孩因伯爵的欲望而出现，被伯爵夫人嫉恨，屡次遭到陷害，皆因伯爵的庇护幸免于难，但最终还是在遵夫人之命采摘玫瑰时刺破手指倒在雪地中死去。伯爵"啜泣着，下了马，伏在雪孩身上发泄了自己的欲望。雪孩开始融化，最后除了一片羽毛什么也不剩。地上只留下了貌似狐狸猎杀现场的一摊血迹"。❷暴力场景进一步强化了雪孩自始至终只是男性的幻想产物和欲望客体这一事实。卡特在

---

❶ HOLLISS R., SIBLEY B. Walt Disney's "Snow White and Seven Dwarfs" and the Making of the Classic Film [M]. New York: Simon and Schuster, 1987: 14.

❷ CARTER A. Snow Child [G].//The Bloody Chamber (1979). London: Virago Press, 1995.

第一章 《白雪公主》——魔镜与"权力之眼"

《萨德式的女人》(*The Sadiean Women*, 1979) 中指出:"作为欲望的客体意味着被动。被动地生存意味着被动地死亡——被谋杀。这就是这个关于完美女人的童话所传达的寓意。"❶ 在"权力之眼"的注视下,完全沦为欲望客体意味着女性主体性的消亡,这也正是雪孩之死的隐喻。

巴塞尔姆笔下的都会美人白雪受过高等教育,善诗能文,多才多艺,甚至还研究过女权主义等时髦的理论。即使是这样一位现代女性依然被"权力之眼"牢牢地控制。小说的开篇就调侃了她作为审美客体的事实:

> 她是个高挑儿的黑发美人,身上长了好几颗美人痣,一颗在胸部,一颗在肚子上,一颗在膝盖,一颗在臀部,一颗在脖子上,一颗在脚踝上。所有的痣都长在左边,差不多全在一条线上,你自上而下看就是这个效果:
> .
> .
> .
> .
> .
> .
> 她的头发紫檀一样黑,她的皮肤雪一样白。❷

在这个戏仿桥段中,"雪白的肌肤"和"紫檀色的黑发"强调人物与经典童话的历史联系,而运用印刷排版手法 (ty-

---

❶ CARTER A. The Sadeian Woman: An Exercise in Cultural History (1979) [M]. London: Virago Press, 2000: 76-77.

❷ BARTHELME D. Snow White [M]. New York: Atheneum, 1980: 3.

pography）模仿美人痣的排列则旨在暗讽权力话语所制定的女性审美标准的荒谬性。当代西方文化把痣与性感相联系，认为痣是"致命美人"（femme fatale）的标志之一。此处对白雪身体上黑痣的戏谑描写模糊了纯洁与邪恶之间的界限，也模糊了白雪公主和王后之间的界限，从而实现了对这一人物从身体象征层面的解构。

此外，小说还戏仿了迪士尼动画中白雪公主和七个小矮人之间的关系。小说中白雪与七个男人暧昧地生活在一起，她自嘲充当的角色是"horsewife"（对"housewife"的滑稽模仿），包括主妇/荡妇两层含义。不满于这样的生活，白雪盼望白马王子的到来。这时保罗（王子原型）出现了，但他从未展现出"王子"的行动能力，最终竟误服了简（王后原型）为白雪准备的毒酒，一命呜呼。小说结束时白雪正在保罗的墓前抛洒菊花，面无表情无所谓伤不伤心，因为她曾爱慕的只是保罗的血统和他所代表的王子概念。❶巴塞尔姆的改写表明在新的话语体系中，男性与女性在权力关系中的地位并未发生本质变化，女性的价值依然主要体现在身体层面，她被制约于家庭充当免费劳动力（"主妇"）和欲望客体（"荡妇"）。她与保罗之间的关系也毫无主体性和真情实感，她不过是按照权力话语的规约，希望用身体美在男性那里换取头衔和虚荣。白雪貌似"现代"实则"传统"，她依然没有摆脱"权力之眼"的监视和规训从而实现主体性，她的结局也只能是空虚幻灭。

---

❶ BARTHELME D. Snow White［M］. New York：Atheneum，1980：179-180.

第一章 《白雪公主》——魔镜与"权力之眼"

《雪珠》的叙事者是克里斯蒂娜（白雪的"后母"），她刚刚嫁给一个富有的丈夫，但丈夫要经常出差把她一个人留在一栋人迹罕至的湖上别墅里。像《吕蓓卡》中的新夫人一样，她时时被房子的前女主人（白雪的"生母"）留下的痕迹折磨着。丈夫的亡妻是个画家，她生前绘画的唯一题材就是她一直渴望拥有但却没能拥有的女儿。画中的女孩十四五岁的年纪，拥有雪一样白的肌肤、乌木一样黑的秀发、淡红色的嘴唇。让克里斯蒂娜无法忍受的是每个房间，每条走廊都挂着这样一幅画，透着冬天冰冷的气息。未出世的女儿的形象，像幽灵一样出没在别墅。画中雪珠，沿袭了格林童话的说法，是丈夫前妻"愿望"的产物，幽灵般存在于宅邸各处。"她竭力不去注意那些画，但它们时时在墙上和镜子里发光。雪样的女孩，光洁的皮肤、乌黑的长发、水润冰冷的红唇。坐在每个房间她都会感到这些画一直在盯着她看。穿过走廊时，这些画又会在她的背后眨眼"。❶ 但正如在经典童话《白雪公主》中白雪是假托母亲之意诞生的审美客体一样，雪珠实际上还是男性审美的产物，是"权力之眼"注视的结果。艺术家母亲的审美之眼实际上依然是男性社会"权力之眼"的变体，产生于权力话语的规约。

现实生活中还有一个雪珠，她是视觉奇观展览中的表演者，马戏团的明星，"她穿得像个公主"，❷ 和七个侏儒搭档表演马戏。她处于社会底层，无自我意识，完全被物化，精

---

❶ LEE T. Snow-Drop［G］//Snow White, Blood Red. Eds. DATLOW E., WINDLING T. New York: Avon Books, 1993: 105-129.

❷ 同❶118.

心打扮之下的身体只是物一般的存在。她还是伴着电视里的一片雪花出现的真实的幻影。"克里斯蒂娜刚要调台,那片白色形成了一朵白色的花,然后镜头里就出现了一个穿一身白衣服的女孩儿手中拿着那朵白花。她深深地鞠躬,黑色的长发像倾泻而下的墨汁,垂到前面的地上……克里斯蒂娜不安地在房间里踱步,感到一种莫名的不可抑制的恐惧。仿佛是她自己通过电视这面镜子变出了雪珠。仿佛通过捣碎并焚烧了雪珠的形象,克里斯蒂娜,这个从未渴求孩子的女人,带给了雪珠生命。因为雪珠和画家未出生的女儿如出一辙,就连浅红色的嘴唇都一模一样"。❶ 格林童话中描写白雪公主容貌的颜色白、黑、红在此被赋予阴郁、恐怖的笔调,实际上反映了作者对被禁锢在画中、电视屏幕上和马戏团舞台上被观瞻的审美客体的女性命运的悲观感触。故事还暗示雪珠也许是艺术家遗失的女儿。"我从未见过妈妈,我是在马戏团长大的"。❷ 至此,白雪公主、画中少女、马戏团的雪珠已经融为一体。"你与那七个——关系很密切吗?""噢,他们不喜欢我"。❸ 她生活在马戏团尤其是那七个侏儒的阴影里。她是他们的奴隶,甚至可能被他们侵犯。❹ 这一形象是底层"白雪"的写照。她被极度物化,沦为供人观瞻、玩弄的对象。

《苹果的故事》则凸显女性在"权力之眼"注视下的被迫产生的竞争关系,对"权力之眼"的察觉及自我觉醒。故

---

❶ LEE T. Snow-Drop [G] //Snow White, Blood Red. Eds. DATLOW E., WINDLING T. New York: Avon Books, 1993: 117.
❷❸ 同❶121.
❹ 同❶122.

第一章 《白雪公主》——魔镜与"权力之眼"

事中大量关于蕾丝、头发、耳环的描写反映出女性自己对容貌的过分关注。白雪公主心中的坚冰渐渐被后母热情的友谊所融化。她每天早晨为白雪公主束好蕾丝直到她"脸上漾起快乐的红云",每天晚上她又亲手为她除下蕾丝让她安然入睡。❶ 后母还会亲手用嵌着珠宝的木梳为白雪梳理头发,"梳通打结的头发","她还常常亲自喂我吃苹果,从她的碗里用手指捏起一片苹果凑到我面前直到我接过去"。❷ "我想自己也许误解了她那热切的眼神"。❸ "虽然我从未信任过她,但她为我做的一切的确让我很快乐"。❹ 但就在两个女孩即将发展出姐妹之情时,国王站到了她们之间。❺ 在国王苛责而残酷的目光拷问下,女性情谊很容易瓦解。白雪和后母成为竞争对手。

正如吉尔伯特和古芭所说,经典童话中的白雪公主"不仅仅是孩子,而是幼稚、乖巧、温顺,只有故事而没有生命的女主人公"。❻ 她们注定要步王后的后尘:"当王子终于成为国王时,她成了王后,她的生活会是怎样的呢?……她也想要一个皮肤雪白、双唇鲜艳、头发乌黑的女孩儿?当然,作为世界上最美的女人,白雪公主的水晶棺换成白雪王后的

---

❶ LEE T. Snow‑Drop [G] //Snow White, Blood Red. Eds. DATLOW E., WINDLING T. New York: Avon Books, 1993: 45.

❷ 同❶45-46.

❸ 同❶45.

❹ 同❶46.

❺ DONOGHUE E. The Tale of the Apple [G] //Kissing the Witch. London: Hamish Hamilton, 1997: 46.

❻ GILBERT S. M., SUSAN G. Snow White and Her Wicked Stepmother [A] //Ed. TATAR M. The Classic Fairy Tale: Texts Criticism. New York, London: W. W. Norton & Company, 1999: 292.

水晶镜,她每天被囚禁在那发出国王声音的镜子……魔镜就是她镜像的水晶棺。"❶ 当代改写揭示了这样一个事实,白雪公主实际上是"权力之眼"监视机制下的驯顺主体,永远生活在自我囚禁之中。

第三节　王后与"权力之眼"的惩罚

经典童话《白雪公主》塑造了两个看似截然相反的女性形象。吉尔伯特和古芭分析:"故事的中心行动——实际上也是唯一真正的行动——产生于两个女人之间的关系:一个美丽、年轻、苍白,另一个同样美丽只是年长些,强硬些;一个是女儿,另一个是母亲;一个甜美、无知、被动,另一个主动而富于智谋;一个是天使,另一个是不折不扣的女巫。"❷ 一个被动、驯顺,遵从父权标准,另一个野性、富有创造力,具有反叛精神。她们认为后母才是这个故事中最值得称道的角色,因为她为故事提供了叙事动力。对于她们来说,母后是一个"阴谋家、情节制造者、策划者、女巫、艺术家、演员,一个几乎有着无限创造力的女人,机智、狡

---

❶ GILBERT S. M., SUSAN G. Snow White and Her Wicked Stepmother [A] //Ed. TATAR M. The Classic Fairy Tale: Texts Criticism. New York, London: W. W. Norton & Company, 1999: 296.

❷ GILBERT S. M., SUSAN G. The Madwoman in the Attic: The Woman Writer and the Nineteenth-Century Literary Imagination: 2nd ed [M]. New Haven and London: Yale UP, 2000: 36.

第一章 《白雪公主》——魔镜与"权力之眼"

黠、专注于自我,就像艺术家们惯常的样子"。❶

白雪公主和王后分别代表了男性价值体系中的两种女性:年轻貌美、驯顺服从者和年老色衰、桀骜不驯者。前者在年龄、容貌和行为上符合权力话语的标准,在童话中得到奖赏和褒扬,后者因与标准相违遭到惩罚。王后的形象在1937年版的迪士尼动画片中甚至被设计成一身黑衣的女巫。

实际上,王后遭到惩罚不仅仅因为她不再是最美的女人,还因为她不甘心被"权力之眼"控制而表现出种种逾矩。她容貌上老去、心理上善妒、行动上暴戾,与权力话语要求的女性标准处处相违。然而从主体性的角度衡量,王后具有更强的自我意识——她胆大、有主见、有智谋、敢于挑战国王的权威,破坏他的秩序。但她的此番作为只能遭到残酷惩罚。

> 白雪公主邪恶的继母也受到了邀请。她穿上美丽的衣服,走到魔镜前说:"镜子镜子,挂在墙上,全国上下,哪个女人最漂亮?"镜子回答:"王后娘娘,这里数您最漂亮。可还有个比您美一千倍的新娘。"恶毒的妇人狠狠咒骂了一句,非常吃惊,非常生气,气得差点儿没晕过去。一开始,她压根儿不想去参加婚礼,可是不看见年轻的新娘,又不得安宁,只好去了。一踏进大厅,她立刻认出了白雪公主,吓得呆呆地站着,一点儿动弹不得。这时候,早已放在炭火上烧得通红的铁鞋子

---

❶ GILBERT S. M., SUSAN G. The Madwoman in the Attic: The Woman Writer and the Nineteenth-Century Literary Imagination: 2nd ed [M]. New Haven and London: Yale UP, 2000: 38-39.

用钳子夹过来，放在了她的跟前。她被迫穿上火红的铁鞋跳舞，一直跳到倒在地上死去。❶

王后是天生邪恶吗？实际上，她只是按照权力话语制定的标准不断审视、衡量和比较自我和其他身体/主体，从而产生嫉妒和憎恨。从这个角度来说，她也是"权力之眼"的牺牲品。

镜子指向谁，谁就是皇后的敌人，敌意不是针对某个人，而是针对所有潜在的竞争者。镜子就是"权力之眼"。女性陷入一种恶性循环，青春期—死亡—吻—起死回生—生儿育女—死亡。后母并非这种循环中好的榜样，她"独立、决断、有办法摆脱男性的控制和影响。因此白雪公主必须搬到另一个家去学习做一个女人，学会如何持家并照顾不是一个而是七个男人。这是典型的维多利亚家庭小说的模式，尤其是英美女作家笔下的此类小说的模式"。❷

迪士尼进一步把白雪公主与后母两极化为黑白对立形象。当镜子的答案非她所愿时，镜中她的形象化为火焰。作为邪恶女性，她不是生活在家庭环境中而是生活在自己的房子里。这座房子满是骷髅、蜘蛛网、老鼠，暗示毫无家庭气氛。白雪公主是典型维多利亚时代理想女性，纯洁无瑕、毫

---

❶ 雅各布·格林，威廉·格林. 白雪公主［G］//格林童话全集. 杨武能，杨悦，译. 南京：译林出版社，1993：197.

❷ AYRES B. The Emperor's Old Groove: Decolonizing Disney's Magic Kingdom [M]. New York: Peter Lang, 2003: 39.

无心机,任劳任怨地干家务。❶ 迪士尼使19世纪家庭观念不朽:女性顺从、克己、谦逊、幼稚、无邪、勤奋、充满母性、天使一般——就是白雪公主所拥有的一切特点。白雪公主、生母、后母都被代表男性利益的话语所定义、束缚和客体化了。❷ 女性权力代表灾难,叛逆女性身体—主体遭受惩罚。后母的行为、住所、身体都是非母性的,并非为生育而设计的,不讨观众喜欢的,因为她拒绝女性义务,只关心自己的外貌。后母依赖男性目光来确定自己的身份,她仅仅把自己的形象看成他者。

当代改写文本不约而同地模糊了白雪与王后的二元对立,对王后表达了普遍的同情。在萨克斯顿的改写中王后是值得垂怜的角色:"她的继母,/也是个美人儿,/虽然,美貌开始被岁月啃噬,/但还是没听说谁比她更美。/美会让人受难,/但是,噢,朋友们,最后/<u>你</u>终会穿上铁鞋在火里跳舞。……/烧得发红的铁鞋,/像烧得发红的旱冰轮,/钳在她的脚上。/开始<u>你</u>的脚趾会冒烟(下划线为笔者为强调添加)/然后脚后跟会烧黑/最后像青蛙一样被煎透,/她得知了这一切/于是只好跳舞跳到死,/这个专搞阴谋的角色/舌头烫得抽进吐出/活像煤气灶上的火焰。"❸ 对抗权力话语,主体最终只能接受残酷的惩罚。另外,作者两次用"你"替换"她",促使读者在阅读过程中与王后产生身份认同。在

---

❶ AYRES B. The Emperor's Old Groove: Decolonizing Disney's Magic Kingdom [M]. New York: Peter Lang, 2003: 41.

❷ 同❶39-40.

❸ SEXTON A. Snow White and the Seven Dwarfs [G] //The Complete Poems of Anne Sexton. Boston: Houghton and Mifflin, 1981: 224-229.

原童话的叙述中，读者容易认同"权力之眼"的立场，而在改写文本的叙述中则可能质疑这一立场。

同样，卡特在《雪孩》中也给予伯爵夫人某种程度的同情。当雪孩替代伯爵夫人成为被看的对象和欲望客体时，伯爵夫人妒火中烧，几番设计陷害雪孩，但在伯爵的干预下未遂。在伯爵强暴雪孩时，伯爵夫人"勒住了马，冷冷地看着这一切"。❶ 这眼神中既有除患的快意也有对伯爵的愤怒。但在伯爵面前她只能隐忍，她的恶毒显得软弱无力。这一情节说明女性之间的竞争并非主体间的竞争，而是"权力之眼"控制下客体间的竞争。无论输赢，竞争的客体都是受害者。

伯爵夫人没有独立的自主性，她的一切都受伯爵支配，因此她千方百计地维护这一地位。她先是把一只手套故意丢下，然后让雪孩下去寻找，但公爵说："我再给你买一副新的好了。"

第二次，她又故意把钻石胸针扔到了结冰的池塘，命令雪孩去拿，希望她淹死在水里，伯爵又道："她难道是鱼，能在这么冰冷的水里游泳？"❷计谋屡屡破产，在伯爵面前她的恶毒显得软弱无力。伯爵对女孩儿的保护并不是出于怜悯和正义，也并非由于女孩儿的美德，而是为了满足他自己的欲望。

伯爵夫人内化了男性的视角，把自己和雪孩都客体化，并希望在竞争中不被淘汰。伯爵夫人的权利要靠伯爵施舍。她的第一次企图失败后"皮草就从她的肩上滑落下来，缠绕

---

❶❷ CARTER A. The Snow Child ［G］//The Bloody Chamber（1979）. London: Vintage Books, 1995: 92.

第一章 《白雪公主》——魔镜与"权力之眼"

在了雪孩儿赤裸的身体上";第二次计划破产后"她的靴子也从脚上脱落下来,穿到了雪孩儿的脚上。现在伯爵夫人就像一根光溜溜的骨头,而雪孩儿却穿戴整齐了"。❶ 衣服和靴子象征着二者地位的变化,是权力对主体实施的规训和惩罚。而伯爵才是这场竞赛的裁判,他的目光代表了"权力之眼"。"权力之眼"正是女性之间竞争敌对关系的根源,也是女性嫉妒的根源。"权力之眼"对女性主体的监视不以女性利益为目的,参与竞争的女性都是受害者,因为她们失去了自主性,成为被物化的审美客体。

在巴塞尔姆的小说中简(王后原型)与白雪的矛盾冲突也产生于"看"的机制。简嫉妒白雪的美貌,于是四处散布流言,并意欲加害白雪。她常常怀旧:"我曾经很美,是她们当中最美的,男人们慕名而来任我驱使。但那些日子一去不复返了。现在我要培养自己的恶毒。我的恶毒是后天的,而不是像众所周知的仿佛创世之初就存在地那样苍白。当日子像雾一样不知不觉地一天融到另一天之中,当麝香味儿的岁月沉到那泥淖、沼泽、黏土般的回忆中去,我就变得越来越像个巫婆。我确实心存邪恶,我心里确实有。我甚至还在不断推陈出新,男人们见都没见识过的……"❷ 这段改写揭示简的恶毒不是天生的,而是随着年龄的增长和容貌的改变滋生的。或者说,女性的恶毒正是"权力之眼"对主体的奖惩机制造成的结果。

---

❶ CARTER A. The Snow Child [G] //The Bloody Chamber(1979). London:Vintage Books,1995:92.

❷ BARTHELME D. Snow White [M]. New York:Atheneum,1980:41.

《苹果的故事》中后母也发动了针对白雪的进攻,不过不是在故事的开始,而是在故事的后半部。国王死了,王后无子嗣,谁将成为女王?王后还是公主?此时,权利之争并非性别意义上的竞争,而是政治意义上的竞争。白雪遭到驱逐和追杀,逃到森林之后遇到了一群樵夫,她得救了。繁重的劳动并未使白雪心忧,一旦闲下来"脑海中就满是继母的形象,而父亲只占据了一个小小的位置"。❶

最终,继母找到了白雪,一见面就告诉她"我这些日子打破了很多镜子"。这一情节象征着她力图挣脱"权力之眼"的束缚。她夜不能寐"感觉就像是穿着烧红的铁鞋跳舞",❷但具有讽刺意味的是,焦灼的感觉源于对白雪的思念。后母也像格林童话中阴险的后母一样为白雪系蕾丝,梳头发,喂苹果。"苹果是半熟的,一边绿,一边红,她咬了绿的一边咽下去笑了。我一言不发接过苹果,噎住了。恐惧和兴奋纠结在我的喉咙。眼前一黑,栽倒在地"。❸樵夫们把白雪装入水晶棺抬到山下。途中女孩噎了一下,开始咳嗽,醒过来,神智还不清楚。"嘴里还都是苹果,脆脆滑滑酸酸的,她嚼了起来,果汁溢出嘴角。苹果没有毒,这只是父亲的苹果园中的第一只苹果"。❹不顾林中人们的欢呼,白雪毅然决然地朝母后的城堡走去。苹果具有伊甸园原罪的象征意义。女性之间的同性之爱是对"父亲苹果园"的侵占和挑战。多诺霍《苹果的故事》批判强制异性恋的规范下女性之间被迫的竞

---

❶ DONOGHUE E. The Tale of the Apple [G] //Kissing the Witch. London: Hamish Hamilton, 1997: 51.

❷❸❹ 同❶54.

争,并指出女性之间除了嫉妒和竞争,还可以有友谊和爱情。

《雪珠》中的"后母"克里斯蒂娜是一个"身体慵懒、思维活跃的女人。她喜欢读书、看电视、听音乐,有时也可以不费吹灰之力写上一本不厚而疯狂的小说"。❶ 这位小说家的丈夫经常出差,像蓝胡子一样把妻子独自留在家中。"丈夫离开的那个下午,克里斯蒂娜流下了真诚的眼泪。这是激动而感激的眼泪"。❷ 克里斯蒂娜把宅邸中到处可见的少女画像全部摘下砸得稀巴烂后付之一炬,火焰直冲冬天灰色的天空。"一切结束之后,雪珠就一点渣也不剩了"。❸ 她为什么这样痛恨画中的白雪?因为她自己与那少女命运相似。这别墅"淡紫色的带些许金色的调子。高高的衣柜里挂满了丈夫为她购置的优雅的礼服,抽屉里香水中间叠满了蕾丝内衣,绣着花朵的丝袜,还有在她还是他的情人时为取悦他而穿的性感玩意儿……"❹ 克里斯蒂娜被禁锢于湖上别墅,是审美和欲望客体,与囚禁于画框之中的少女一样,二者都是"权力之眼"之下的囚徒。

最后克里斯蒂娜通过男性操演,采取男性立场求得主体性,但等待她的也只能是悲剧。她受好奇心和欲望驱使前往马戏团,"她想得到美丽的雪珠,这个红白黑三色的女孩儿,

---

❶ LEE T. Snow-Drop [G] //Snow White, Blood Red. Eds. DATLOW E., WINDLING T. New York: Avon Books, 1993: 106-107.
❷ 同❶110.
❸ 同❶114.
❹ 同❶111-112.

祛魅——五个经典童话的后现代女性主义改写

她想看着她，了解她"。❶ 克里斯蒂娜最终把雪珠带回家中。用散发着花香可以加热的神奇木梳为雪珠梳头，送给她各式性感内衣。雪珠欣喜若狂，不断在镜子前摆着姿势。这时，克里斯蒂娜充当了"男性"角色，把雪珠看作欲望的客体，强暴了她。从雪珠被动的、无辜的、无可奈何的反应来看，这已经不是她第一次遭受这种非礼。"雪珠坐在地板上吮拇指，摆弄衬裙上的丝带，像个被惯坏的孩子，知道这么做淘气，但也没太大关系"。❷ 克里斯蒂娜感到的"与其说是羞耻不如说是恐惧"。❸ 最后克里斯蒂娜用苹果毒死了雪珠，把尸体埋在了花园里。花园施工，积雪退去，尸体现出。"人们转向克里斯蒂娜满脸疑惑"。❹

雪珠中的小说家"后母"最终从"视觉暴力"和性别囚禁的受害者转变为施暴者。她通过操演男性性别，压迫其他女性，宣泄对自己女性身份地位处境的不满。实际通过梦一般不确定的叙事，我们也可以把上述情节看成小说家克里斯蒂娜的一场白日梦，她通过构思出杀死雪珠的情景，除掉了一个自己害怕变成的物化的女性形象，实现一种潜意识中的反抗。依靠固化的性别符号进行性别操演获取主体性，结果是悲剧性的，而这种梦也只能是梦魇。

经典童话中王后本质邪恶，死亡象征着对她的惩罚。在改写文本中王后们的"邪恶"不再被描写为她们的天性，而

---

❶ LEE T. Snow–Drop [G] //Snow White, Blood Red. Eds. DATLOW E., WINDLING T. New York: Avon Books, 1993: 119.
❷❸ 同❶124.
❹ 同❶129.

是男性与女性不平等权力关系的产物。作者对她们的不幸结局给予了不同程度的同情。通过使读者与王后产生身份认同、表达王后的无奈和痛苦、追溯王后的行为动机等叙述手段，改写文本把王后这一人物置于文化历史语境进行重构，起到了瓦解童话母题的作用。

女性之间的竞争普遍存在，这种紧张的关系是一种性竞争的结果，也是男性注视的结果，这种注视可以被任何社会成员内化接受。"权力之眼"是一种"男性注视"（male gaze），但在这里"男性"不是指具体的个体，也不是指男性整体，而是内化了以男性利益为中心的整个社会，"男性注视"作为"权力之眼"是指整个社会对女性价值的参照固定标准的审视。而每个女人面前都有这样一面镜子。实际上，女性之间的嫉妒和敌意不仅局限在家庭内部，而且是在男权社会中普遍存在。

"魔镜"是"权力之眼"的隐喻。它反映的正是社会规约的"完美女性"形象。童话中的公主或牧羊女都必须美丽。美貌才是童话中真正的魔法，为女性赢得王子和权力。后现代女性主义改写戏仿已存在的符号，揭示出经典童话中隐藏的不易发觉却又无处不在的"权力之眼"。这双眼睛在话语流通过程中不断地作用于处于权力关系中的主体——尤其是女性主体，使她们在"惩戒性凝视"下自我规训，按权力制定的"标准"审视自己和其他女性，把自我塑造成符合父权规范的驯顺主体。而当代改写的目的正是揭示这些被经典童话掩盖的事实。吉尔伯特和古芭建议"打碎长久以来每个女人都要照的那面镜子"。❶ 这面"镜子"究其本质就是"权力之眼"。经典童话《白雪公主》的当代改写通过对意象、人物和情节的戏仿暴露"瞭望塔"中心的"权力之眼",从规训主体与惩罚主体两方面揭示经典童话中隐藏的权力对女性主体的监视机制,揭开"女性善妒"这一本质主义面纱背后真正的权力关系,对女性间的典型关系和普遍命运进行反思。这样的改写是对性别与权力之间关系的重新思考,是对《白雪公主》母题的瓦解。

---

❶ GILBERT S. M., SUSAN G. Snow White and Her Wicked Stepmother [A] //Ed. TATAR M. The Classic Fairy Tale: Texts Criticism. New York, London: W. W. Norton & Company, 1999: 76.

第二章

《灰姑娘》
——水晶鞋与削足适履

第二章 《灰姑娘》——水晶鞋与削足适履

《灰姑娘》是最著名的世界民间故事之一,版本有700多个。在公元前7年左右,希腊地理学家斯特拉波(Strabo)记录了一个与埃及国王结婚的希腊女奴罗多弥斯(Rhodopis)的故事。这通常被认为是《灰姑娘》的最早版本。故事讲述了一个希腊女孩被当作奴隶卖到埃及。有一天,一只老鹰在她洗澡的时候叼走了她的一只鞋子,并把这只鞋扔在法老脚下。法老被鞋子的小巧精致所打动,发誓一定要娶到鞋子的主人,最后如愿以偿。《灰姑娘》的第一个欧洲文学版本记载于意大利作家巴西尔(Giambattista Basile)所著的故事集《五日谈》(*Pentamerone*,1634)。❶

值得一提的是,也有一些西方学者认为灰姑娘故事的最早版本出现在9世纪的中国。❷ 这一版本指唐代段成式(约803~863年)所撰的笔记小说《酉阳杂俎》续集《支诺皋》

---

❶ ZIPES J. The Great Fairy Tale Tradition: From Straparola and Basile to the Brothers Grimm [M]. New York, London: Norton, 2001: 444.
❷ ANDERSON G. Old Tales for New: Finding the First Fairy Tales [A] // Eds. ANDERSON H. F., CHAUDHRI A. A Companion to the Fairy Tale. Cambridge: D. S. Brewer, 2003: 87.

祛魅——五个经典童话的后现代女性主义改写

中记载的流传于广西壮族地区的民间故事《叶限》。❶ 作者在《叶限》这篇记载末尾说道,故事系"成式旧家人李士元所说。士元本邕州洞中人,多记得南中怪事"。❷ 故事情节如下:秦汉前,南方百越有个洞主,女儿名叫叶限。女孩童年丧母,聪明能干,深受父亲喜爱。但父亲死后,继母对她百般虐待,并杀死了她精心喂养的一条大鱼。女孩十分悲伤,后得到神人指点,将鱼骨藏在屋里,需要什么只管向它祈

---

❶ 《叶限》故事及引文出自(唐)段成式. 叶限[M]//酉阳杂俎. 北京:中华书局,1981:200-201.

南人相传,秦汉前有洞主吴氏,土人呼为"吴洞"。娶两妻,一妻卒,有女名叶限。少慧,善淘金,父爱之。末岁父卒,为后母所苦,常令樵险汲深。时常得一鳞,二寸余,赤鳍金目,遂潜养于盆水。日日长,易数器,大不能受,乃投于后池中。女所得余食,辄沉以食之。女至池,鱼必露首枕岸。他人至,不复出。其母知之,每伺之,鱼未尝见也。因诒女曰:"尔无劳乎?吾为尔新其襦。"乃易其弊衣。后令汲于他泉,计里数里也。母徐衣其女衣,袖利刃,行向池呼鱼,鱼即出首,因斫杀之。鱼已长丈余,膳其肉,味倍常鱼,藏其骨于郁栖之下。逾日,女至向池,不复见鱼矣,乃哭于野。忽有人披发粗衣,自天而降,慰女曰:"尔无哭,尔母杀尔鱼矣!骨在粪下。尔归,可取鱼骨藏于室,所须第祈之,当随尔也。"女用其言,金玑衣食,随欲而具。及洞节,母往,令女守庭果。女伺母行远,亦往,衣翠纺上衣,蹑金履。母所生女认之,谓母曰:"此甚似姊也。"母亦疑之。女觉遽反,遂遗一只履,为洞人所得。母归,但见女抱庭树眠,亦不之虑。其洞邻海岛,岛中有国名陀汗,兵强,王数十岛,水界数千里。洞人遂货其履于陀汗国。国主得之,命其左右履之,足小者履减一寸。乃令一国妇人履之,竟无一称者。其轻如毛,履石无声。陀汗王意其洞人以非道得之,遂禁锢而拷掠之,竟不知所从来。乃以是履弃之于道旁,即遍历人家捕之,若有女履者,捕之以告。陀汗王怪之,乃搜其室,得叶限,令履之而信。叶限因衣翠纺衣,蹑履而进,色若天人也。始具事于王,载鱼骨与叶限俱还国。其母及女即为飞石击死。洞人哀之,埋于石坑,名曰"懊女冢"。洞人以为禖祀,求女必应。陀汗王至国,以叶限为上妇。一年,王贪求,祈于鱼骨,宝玉无限。逾年,不复应。王乃葬鱼骨于海岸。用珠百斛藏之,以金为际。至征卒叛时,将发以赡军。一夕,为海潮所沦。

❷ 同❶200.

祷。果然锦衣玉食、金玉珠宝所求必应。一次洞节活动,叶限瞒过继母穿上"翠纺上衣,蹑金履"去参加。因被继母和妹妹觉察,匆匆逃离,留下一只金色的鞋。邻近海岛的陀汗国主得到了这只金鞋。他派人去鞋子被拾起的地方,让所有的女人试穿,最后找到了叶限。于是"载鱼骨与叶限俱还国","以叶限为上妇",而"其母及女即为飞石击死"。❶可以看出这个故事的基本情节与灰姑娘无异:继母虐待、神鱼(仙女教母)相助、洞节(宫廷舞会)相遇、以(金)鞋(水晶鞋)验身、嫁与王公。翻译家杨宪益在《译余偶拾》中评述道:"这篇故事显然就是西方的扫灰娘(Cinderella,现多译作灰姑娘)故事。"❷学界已经开始研究这一故事在世界范围内流传的路径,但还没有确切的结论。

当然在西方灰姑娘故事中最经典的版本还是法国佩罗《鹅妈妈的故事》中的《灰姑娘》(1697)❸("Cendrillon"法语"灰姑娘")和格林童话《灰姑娘》(1812)❹("Aschenputtel"德语"灰姑娘")。两个版本中的基本要素一致,只有个别情节稍有差异,如:佩罗童话中舞鞋是灰姑娘无意落下的,而格林童话中,王子在楼梯上洒了点沥青,用这个办法粘掉了灰姑娘的水晶鞋;另外,佩罗版本中灰姑娘因为心地善良,最终原谅了继母和两个姐姐,还帮助姐姐嫁

---

❶ (唐)段成式. 叶限 [G] //酉阳杂俎. 北京:中华书局,1981:201.
❷ 杨宪益. 译余偶拾 [M]. 济南:山东画报出版社,2006:66.
❸ 佩罗童话《灰姑娘》见佩罗·夏尔. 鹅妈妈的故事 [M]. 张小言,译. 上海:上海译文出版社,2012:106-122.
❹ 格林童话《灰姑娘》见雅各布·格林,威廉·格林. 格林童话全集 [M]. 杨武能,杨悦,译. 南京:译林出版社,1993:83-90.

给了王公贵族,而格林童话则稍显残忍,两个姐姐为了能穿上水晶鞋,分别砍去了脚趾和脚跟,继母也被迫穿上烧红的铁鞋一直跳舞至死。

根据童话研究者考证,在巴西尔的版本中,姐姐们爬回家中后一直"生活在妒火之中,心中一刻不停受到心痛的煎熬"。❶ 在第一版的格林童话结尾中,继母和两个姐姐目睹了灰姑娘的好运气时,"吓坏了"变得"脸色蜡白"。第二版刊印之前,格林兄弟意识到这本故事集在孩子中大受欢迎,于是把结尾改为鸽子啄掉了两姐妹的眼睛,她们"因为恶毒受到了惩罚,下半辈子都看不到东西了"。美国的版本以佩罗童话为蓝本,减少了暴力。在这个版本中,灰姑娘不但美貌,心肠还好。她在宫殿中给姐妹留出了两间屋子,并把她们"许配给了朝廷中的两位权臣"。❷ 但无论这个故事的变体如何,它们有着共同的母题。

根据童话心理学家贝特尔海姆阐释,灰姑娘的故事表现了"一个幼小的孩子感到自己无可奈何地屈居兄弟姐妹之下,低人一等时,处于同胞相争的痛苦之中"的心理状态。❸ 这个故事可以帮助他"在辉煌的幻想中获取宽慰——压倒他的同胞兄妹"。❹ 在这种通过幻想某种幸运的事件发生而使愿望变成现实的过程中,他得到了心理解脱。❺

---

❶❷ TATAR M. Off Their Heads!: Fairy Tales and the Culture of Childhood [M]. New Jersey: Princeton UP, 1992: 7.
❸ 布鲁诺·贝特尔海姆. 童话的魅力 [M]. 舒伟,丁素萍,樊高月,译. 北京:社会科学文献出版社,2015:362.
❹ 同❸365.
❺ 同❸371.

第二章 《灰姑娘》——水晶鞋与削足适履

经典童话中灰姑娘天真纯朴,但在贝特尔海姆的剖析中,这一故事的意义在于消解儿童无意识层面的俄狄浦斯冲突焦虑,即性嫉妒心理引发的"阉割焦虑"(castration anxiety)(担心失去身体的某个部位)和担心陷入屈辱卑贱状态的焦虑。❶ 按照贝特海姆的分析,《灰姑娘》呈现了"人格发展过程中为获取自我价值的实现所必经的阶段"。❷ 他认为童话故事的魅力在于以特有的方式将儿童复杂心理表现出来,让男孩和女孩都能够明白要成为真正成熟的人应当如何去做。这一阐释从普遍儿童心理出发,并不考虑性别差异。

女性主义批评家对这个故事的关注视角显然不同。她们探究的是灰姑娘童话对女性的同化作用,❸ 认为这一故事传播了不当的女性理想,❹ 强化了女性以争夺男性注意力为目的的竞争,❺ 批判格林童话为代表的经典童话所展现的极具性别差异性的适当行为标准和道德规范。❻ 柯莱特·都灵(Colette Dowling)在《灰姑娘情结——女性对独立的潜在恐

---

❶ 布鲁诺·贝特尔海姆. 童话的魅力 [M]. 舒伟,丁素萍,樊高月,译. 北京:社会科学文献出版社,2015:407-417.

❷ 同❶421.

❸ LIEBERMAN M. "Some Day My Prince Will Come": Female Acculturation Through the Fairy Tale [A] //Ed. ZIPES J. Don't Bet on the Prince: Contemporary Feminist Fairy Tales in North America and England. New York: Routledge, 1989: 185-200.

❹ ROWE K. Feminism and Fairy Tales [A] //Ed. ZIPES J. Don't Bet on the Prince. New York: Routledge, 1989: 211.

❺ WARNER M. From the Beast to the Blonde: On Fairy Tales and Their Tellers [M]. London: Vintage, 1995: 210.

❻ BOTTIGHEIMER R. B. Grimms' Bad Girls and Bold Boys: The Moral and Social Vision of the Tales [M]. New Haven: Yale UP, 1987: 1.

惧》一书中提出了"灰姑娘情结"（Cinderella Complex）这一说法。"灰姑娘情结"以童话人物灰姑娘的名字命名。灰姑娘的形象具有原型意义。她美丽、优雅、礼貌、勤劳、乐于服务，但她缺乏独立性，不能够用自己的行动来改变自己的境况，必须通过外力帮助，通过男性（即王子）来改变境遇。这种情结使得女性丧失独立性和通过自己的努力改变命运的意志。都灵认为女性随着年龄的增长，这种情结会变得更加明显。❶ 灰姑娘的故事在女性主义者看来无疑是使女性丧失主体性的权利话语。

当代作家显然也意识到灰姑娘母题中蕴含的侵蚀女性自主性和独立性的话语力量，并试图通过改写揭示这一故事对女性的规训机制，从而达到挑战权力话语的目的。本章主要讨论的当代作品包括萨克斯顿《变形记》（*Transformations*, 1971）中的《灰姑娘》（"Cinderella"）、卡特的《灰姑娘或母亲的幽灵》（"Ashputtle or The Mother's Ghost: Three Versions of One Story", 1987）、杰伊·威廉姆斯（Jay Williams）的《油姑娘》（"Petronella", 1993）、多诺霍从女性同性恋视角改写的《鞋的故事》（"The Tale of the Shoe", 1997）、弗朗斯·敏斯特（Frances Minters）的《辛迪艾莉》（"Cinder-Elly", 1997）、凯特·阿凯特·阿特金森（Atkinson Kate）的《人的循环球戏》（"Human Croquet", 1998），艾伦·杰克逊（Jackson Ellen）的《辛迪艾德娜》（"Cinder-Edna", 2007）等。下面就从灰姑娘、水晶鞋、削足适履的姐姐、蹈

---

❶ DOWLING C. The Cinderella Complex: Women's Hidden Fear of Independence [M]. New York: Simon & Schuster, 1981: 1-18.

火而死的王后、生母与仙女教母、宫廷舞会和婚姻市场等方面分析后现代女性主义对以佩罗童话和格林童话为代表经典童话《灰姑娘》所作的戏仿,重点探讨后现代女性主义戏仿如何揭示和挑战经典童话中的身体、主体、话语、权力等问题。

第一节 "灰"姑娘的转变

灰姑娘中的"灰"唤起人们对煤灰的想象,同时可转喻为女主人公的不堪处境。佩罗这样解释"灰姑娘"名字的由来:

> 她[继母]打发这姑娘去干家里最脏、最累的活儿,叫她洗碗、扫楼梯,还使唤她打扫自己和两个女儿的卧室。小姑娘的卧室就是房顶下的尖角阁楼,她只能睡在一块破旧的草垫上,她的姐姐们却住在铺着木地板的屋子里,她们还有最新款的床,屋子里还摆着能从头照到脚的全身镜。可怜的姑娘只能默默地承受这一切……小姑娘一干完活就去满是灰尘的壁炉旁待着,如此一来,家里人就管她叫"灰屁股"。二姐还不像大姐那么恶毒,就叫她"灰姑娘"。然而,不管两个姐姐换上多么漂亮的衣服,穿得破破烂烂的灰姑娘都比她们美

丽百倍。❶（下画线为笔者为强调所加）

在格林童话中"灰姑娘"的雅号也和她的逆境息息相关：

> 她们夺走她美丽的衣裙，给她穿上一件<u>灰色</u>的旧外套，一双木头做的鞋子。"瞧瞧这骄傲的公主打扮得有多美！"她们嚷着、笑着，把她推进了厨房。在厨房中她从早到晚干<u>重活儿、粗活儿</u>，天不亮就起来挑水、生火、煮饭和洗衣服。这还不算，两个姐姐还想方设法叫她伤心，讥讽她，把豌豆和扁豆倒进<u>炭灰</u>里，害得她坐在那里再一粒粒拣出来。夜晚，她干活儿干累了，没有床铺睡觉，只好躺在灶台旁边的<u>炭灰</u>里。因此，她总是<u>脏兮兮的，满身灰尘</u>，她们就叫她<u>"灰姑娘"</u>。❷（下画线为笔者为强调所加）

灰姑娘的"灰"是"炭灰"或"灰尘"，象征着灰姑娘所深陷的境地，充满肮脏、单调、乏味的家务劳动以及继母和姐姐们的虐待和羞辱。她经历着"命运"的考验。正如故事后续发展所揭示的，如果她能够逆来顺受，勤劳肯干，忍辱负重，就会得到帮助，最终摆脱可怕的处境，改变自己的命运。这种日复一日的苦活与其说是对意志的磨炼，不如说

---

❶ 夏尔·佩罗. 灰姑娘［G］//鹅妈妈的故事. 张小言，译. 上海：上海译文出版社，2012：106-108.

❷ 雅各布·格林，威廉·格林. 灰姑娘［G］//格林童话全集. 杨武能，杨悦，译. 南京：译林出版社，1993：84.

第二章 《灰姑娘》——水晶鞋与削足适履

是以身体为媒介,对主体的规训。在劳动和忍耐中,灰姑娘逐渐成为一个权力话语希望塑造的驯顺主体,并最终得到"命运"的褒奖。

卡特在《灰姑娘或母亲的幽灵》❶ 中从"肢残的姑娘""烧伤的孩子"和"行走的衣服"三个角度探讨经典童话《灰姑娘》中隐藏的权力话语及其对女性从身体到主体的塑造机制。其中"烧伤的孩子"这一部分探讨的就是"灰"的女性主义含义。"烧伤的孩子生活在灰烬里。实际上与其说是烧伤不如说是烧焦,她就像一根木棍,烧着了一半,又从火里捡了出来。她看起来像炭像灰,因为自从妈妈去世以后她就生活在煤灰之中,于是热灰把她烧伤了,结痂,留疤。烧伤的孩子生活在炉边,浑身是灰,她还沉浸在丧母的悲痛中"。❷

母亲在地下看到"烧伤的孩子"的遭遇,痛苦不堪。当继母让"烧伤的孩子"去挤牛奶时,母亲的幽灵就进入到了奶牛的身体。她让灰姑娘偷偷喝牛奶,快快丰满起来。灰姑娘照着母亲的话做,她的身体很快发育,直到母牛的身体被吸干。后来,母亲的幽灵又进入猫的身体,猫用爪子帮助"烧伤的孩子"梳理蓬乱打结的头发。头发顺滑了,猫的指甲却折断了。再后来,母亲的幽灵又进入小鸟的身体。小鸟啄开自己的胸膛,鲜血滴在"烧伤的孩子"身上,变成了红

---

❶ 本章中卡特的《灰姑娘或母亲的幽灵》引文出自 CARTER A. Ashputtle or The Mother's Ghost: Three Versions of One Story [G] //Burning Your Boat. London: Random House, 1995: 390-396. 引文为笔者自译,不再另注。

❷ CARTER A. Ashputtle or The Mother's Ghost: Three Versions of One Story [G] //Burning Your Boat. London: Random House, 1995: 394.

丝裙。做完这些，母亲的幽灵筋疲力尽。就这样，身材丰满、头发顺滑、衣着夺目的美人——"烧伤的孩子"成功地夺走了她继母的意中人。母亲的幽灵最后说："我现在要去睡觉了，现在一切都妥当了"。❶

从这个故事可以看出"烧伤的孩子"从"灰头土脸"到光彩照人，全靠母亲献身式的帮助。而这种帮助本质上是进一步把女孩塑造成权力话语定义的理想女性。发育良好的身材、柔顺干净的头发和得体的衣着，这些强调的都是女性身体规范。只有达到标准的女孩才会获得奖赏。奖赏即为男性的认可和随之而来的稳定的经济和社会地位。母亲的幽灵深谙权力话语对于女性身体的规范，因此她不遗余力地按照权力话语的规约改造女儿的身体，同时也进一步强化了权力话语。这样的故事延续下去，权力话语不断得到加强，女性则一直无法实现自身的主体性。这就是为什么"灰姑娘"实际上并不仅仅是身体表面上蒙上了灰尘和污垢，她的灵魂也被权力话语伤害，因而是从外到内"烧伤的孩子"。

萨克斯顿笔下的《灰姑娘》❷则反映出美国20世纪60年代进入消费社会后，女性身体作为"最佳商品"后女性主体面临的新困境。这首戏仿诗揭示了隐藏在浪漫主义面纱下鲍德里亚（Baudrillard）式的消费社会图景，同时也对消费

---

❶ CARTER A. Ashputtle or The Mother's Ghost: Three Versions of One Story [G] //Burning Your Boat. London: Random House, 1995: 394-396.

❷ 《灰姑娘》是萨克斯顿《变形记》中最具代表性的一篇，经常作为后现代诗歌经典被收录在各种文学选集之中。本章中萨克斯顿的《灰姑娘》引文出自 SEXTON A. Cinderella [G] //The Complete Poems of Anne Sexton. Boston: Houghton Mifflin Company, 1981: 255-258. 引文为笔者自译，不再另注。

社会中女性主体面临的主体性进一步丧失的新情况进行了反思。❶

按照鲍德里亚的观点，20世纪60年代以来西方社会进入消费社会（consumer society）。随着生产力的发展，物质产品日渐丰富，需求达到饱和，于是通过广告等手段刺激人们的消费欲望成为引导社会发展的动力。在消费社会，消费者购买的不仅是实用商品，还是一种社会符号。因为所购买的商品暗示了消费者本人想成为某种人，他信仰某种生活理念或向往某种生活方式。日常物品被当作带有文化含义的符号来消费。比如，名牌产品往往意味着使用者的尊贵和品味。而非名牌产品往往代表廉价，体现了低收入阶层的崇尚节俭的消费观念，因而具有截然不同的文化意义。换言之，消费者购买商品并不仅仅是为了生存需要，更重要的是想通过自己所消费的商品确定自己的身份。现代社会已超越维持生存水平的消费阶段，进入附加文化含义于消费品的符号消费阶段。按照鲍德里亚的观点，一切消费都只是符号的消费。但符号的意义并非商品内在的本质属性，符号意义只产生于吸引消费者注意的符号系统中。符号消费既具有强化社会阶层的作用，也具有促成社会阶层流动与整合的效用。❷

在萨克斯顿《灰姑娘》的消费社会里，女性同样被物化为商品。比如在开场的四个故事中，丹麦女仆的经历与灰姑娘颇为相似。她的成功不是靠投资、彩票或保险，而是靠

---

❶ 笔者关于萨克斯顿《灰姑娘》中的部分观点已发表，见穆杨. Sexton《灰姑娘》中的消费社会［J］. 山东外语教学，2006（5）：17-21.

❷ BAUDRILLARD J. The Consumer Society：Myths and Structures［M］. London：Sage，1998：87-96.

"性感和甜美"(luscious and sweet)。❶ 对于灰姑娘热烈向往的舞会,萨克斯顿辛辣地讽刺道:"舞会就要开场了,正如众所周知的那样。那是个婚姻市场。"❷ 在这个婚姻市场至高无上的消费者和价值定义者自然是王子,那么灰姑娘和她的姐姐等女性无疑就是市场上待价而沽的商品。

在开场白部分,萨克斯顿用四个诗节讲述了四个"那样的故事"("that story")来点明主题并为灰姑娘的出场做好铺垫。养了12个孩子的管子工中了爱尔兰独得彩票(the Irish Sweepstakes),从下水道修理工变成了富人;丹麦来的女仆俘获了长子的心,扔下尿布穿起了迪奥❸的时装;送奶的通过房地产发了家(goes into real estate and makes a pile),午餐喝起了马蒂尼(Martini);❹ 清洁女工在交通事故中捞了一大笔保险(collects enough from the insurance),扔掉了拖把开始出入于维特·泰勒高级百货商店。❺ 萨克斯顿把这四个故事以及灰姑娘的故事都戏称为"那样的故事",❻ 从而揭去

---

❶❷ SEXTON A. Cinderella [G] //The Complete Poems of Anne Sexton. Boston: Houghton Mifflin Company, 1981: 256.

❸ 迪奥是 Christian Dior(CD)品牌的简称,此品牌由克里斯蒂安·迪奥(Christian Dior)于1946年在巴黎创立,是华丽高级女装的代名词,象征法国时装文化的最高精神。

❹ 马蒂尼酒(Martini)的文化含义是:美国、现代、玩世不恭、上流社会、城市和乐观。马蒂尼让人联想到20世纪美国一些最本质的东西。(MAX R. There is Something about Martini [J]. American Heritage, 1997: 7-8: 32-45.)

❺ 维特·泰勒(Bonwit Teller)百货商店为高级女装及女士用品百货商店。由保罗·J. 邦维特(Paul J. Bonwit)于1836年在德国创立,后与埃德蒙德·泰勒(Edmund D. Teller)合作。在纽约第五大道、费城、巴黎和伦敦都有店铺。

❻ SEXTON A. Cinderella [G] //The Complete Poems of Anne Sexton. Boston: Houghton Mifflin Company, 1981: 256.

第二章 《灰姑娘》——水晶鞋与削足适履

了灰姑娘故事浪漫的面纱，暴露出格林童话《灰姑娘》在物质层面上的意义。其中，彩票、房地产、保险这几个意象简单几笔就勾勒出现代资本主义经济模式之一斑。

更重要的是，马蒂尼酒、迪奥时装以及维特·泰勒百货商店等几个意象描摹出了被时尚商品充斥的消费社会的浮华景象，鲜明地描绘出消费社会中的时尚生活模式。与前消费社会不同，在消费社会人们向往的已经不仅仅是财富，而是用财富可以换取的时髦生活方式，一种标识身份的符号性消费模式。

萨克斯顿对消费社会可谓认识颇深。她生活的年代正是美国开始转向享乐型消费社会的年代。身材高挑、相貌出众的诗人还曾在 20 世纪 50 年代波士顿一家模特经纪公司做过时装模特。[1] 处在时尚的前沿阵地，女诗人对消费社会的感触想必颇深。在消费社会中，时尚成为消费品的主要尺度。时尚通过把消费品符号化，赋予消费品一种象征性的社会意义和社会价值。符号价值象征着成功、身份、社会地位和人生价值的实现。商品不再是社会有用劳动的结晶，而作为符号，成为欲望的对象，消费者在一种被动迷醉状态中被物化成社会存在中的符号，人的生存意义遭到贬抑，主体性遭到消解。我们通过这首诗窥到的正是美国的消费社会中社会阶层流动整合的新模式。这时的消费不再仅仅是一个经济、实用的过程，而且是一个涉及文化符号与象征的过程。消费已经成为人们对生活方式的向往。人们通过消费实践，透过消

---

[1] HALL C. K. B. Anne Sexton [M]. Boston and Massachusetts: G. K. Hall &Co., 1989: 4.

费模式中的符号使用，建构他们的社会群体认同。在消费社会，财富的目的是消费，消费成了终极愿望。换言之，消费强化了社会阶层，符号消费成为社会阶层的标志之一。

贯穿"灰姑娘"始终的就是一组与商品及消费密切相关的意象，起到暗示主题和确定作品基调的作用。萨克斯顿在《变形记》出版前写信给编辑说她不知道如何归纳这组诗的特点，但她必须承认自己把它们写得很现代（"made them contemporary"）。❶ 有的批评家认为这卷诗带有明显的大众艺术（pop-art）的特点。❷ 在《变形记》中，萨克斯顿除了继续表达对生物论和命运说的不耐烦以外，还毫不留情地用美国城市习语（city-American idioms）瓦解童话。❸ 批评家还指出诗人所使用的明喻中很多都带有强烈的现代感，这是她把老故事"现代化"（modernized）的有效手段。带有现代气息的明喻起到了拓展原故事的意义、联系当下社会环境的作用。❹ 实际上萨克斯顿所处的"当下的社会"就是美国20世纪六七十年代的消费社会。"灰姑娘"这首诗的现代感、"大众艺术"特征、"美国城市习语"和"带有现代感的明喻"都集中体现于这首诗的一系列带有消费社会特征的商品意象上。

灰姑娘得知爸爸给后母和姐姐带回的礼物是"珠宝和礼

---

❶❷ HALL C. K. B. Anne Sexton [M]. Boston and Massachusetts: G. K. Hall &Co., 1989: 97.

❸ YOUNG V. Review of Transformations [A] //Ed. COLBURN S. E. Anne Sexton: Telling the Tale. Ann Arbor: The University of Michigan Press, 1988: 255.

❹ GALLAGHER B. The Expanded Use of Simile in Anne Sexton's Transformations [A]. Ed. COLBURN S. E. Anne Sexton: Telling the Tale. Ann Arbor: The University of Michigan Press, 1988: 259.

第二章 《灰姑娘》——水晶鞋与削足适履

服",而给自己仅仅折了一截小树枝时,与格林童话中没有任何物质要求的女主人公截然不同,灰姑娘很失望。❶ 因为在商品社会,爱是用商品的价值衡量的。在这种叙述语境下,现代灰姑娘嫁给王子的梦想里难道不包含攀爬社会阶梯,获取时尚奢侈品的愿望吗?此外更具喜剧意味的是,当王子拿着"金鞋"(gold slipper)找寻他的梦中情人屡屡受挫时,萨克斯顿写道:"王子已经渐渐厌倦,他开始感到自己像个卖鞋的(shoe salesman)。"❷ 这个意象巧妙之处在于不但"剥夺"了王子的权威,把他变成了善于自嘲的玩世不恭的现代城市青年,同时也把读者的想象拉入"商店"这个消费社会的典型环境之中。

萨克斯顿笔下的"灰姑娘"一心要变成"金姑娘"。可以说这一形象是当代西方消费社会中被进一步物化的女性写照。她们不仅像经典童话中的灰姑娘那样指望通过男性和婚姻实现阶级跃升,她们更是要在实现这样的阶级跃升后尽情消费。"你所买的东西即是你"是消费社会的金科玉律,个人的价值取决于所购商品的价值。在商品拜物教的狂热中,灰姑娘们用商品价值衡量一切,包括自己。成为"最佳商品"是当代权力话语为女性定义的"成功"。依靠男性认可而取得经济上的自由,以便能够买所欲买,再用所购买的商品标志自己的价值。这样的成功实际上是一种恶性循环,女性进一步物化自我,离主体性和真正的自由似乎越来越远。

---

❶ SEXTON A.Cinderella [G] //The Complete Poems of Anne Sexton. Boston: Houghton Mifflin Company, 1981: 256.

❷ 同❶258.

萨克斯顿的改写正是对西方当代消费社会中女性主体性的深刻反思。

鲍德里亚指出在消费社会中,一切都已商品化,我们处在由商品所构成的系统中。在这个系统中,人也处于异化和物化的生存状态,因为不是我们在使用和主宰这个物的系统,而是该物的系统在支配和控制我们。在他看来消费世纪是彻底异化的世纪。❶ 在一切都商品化的时代,女性物化现象比以往任何时代都突出。露丝·伊蕾格蕾(Luce Irigaray)说过我们的社会就是建立在交易女性的基础之上的。女性身体和其他商品一样,交换功能已超过使用价值。女性身体变成了在男性中间交换的商品。正如商品不能反映自己的价值一样,女性也缺乏自我定义的品质。她的价值由男性定义。商品之间自己无法交换。商品的交换必须有主体的衡量和介入。女性也如此,女性无法定义自身价值,她的价值取决于男性。❷

在《鞋的故事》中,多诺霍没有安排继母和继姐妹催促灰姑娘干活,然而后者还是"用手指扫出炉灰,擦洗地板直到膝盖流血"。❸ 虽然没有有形的父权代理人——继母——来压迫她,她还是能时时听到身体中有个声音告诉她"干这个,干那个,你这个懒家伙"。❹ 这个声音就是灰姑娘将父权社会对女性的期待内化后的结果:她必须做一个好主妇,家

---

❶ BAUDRILLARD J. The Consumer Society:Myths and Structures [M]. London:Sage,1998:80-96.

❷ IRIGARAY L. This Sex Which Is Not One [M]. Trans. BURKE C. Ithaca:Cornell UP,1985:187-188.

❸❹ DONOGHUE E. The Tale of the Shoe [G] //Kissing the Witch. London:Hamish Hamilton,1997:3.

庭的好仆人。当舞会来临时，灰姑娘的态度也不执着，仅因为舞会是"女孩们应该做的事"而盲从，不像格林兄弟笔下的灰姑娘那般积极地去寻求改变命运的机会。

杰·威廉姆斯（Jay Williams）在《彼得瑞拉》（"Petronella"，1979）❶中把辛迪瑞拉（"灰姑娘"）改成了彼得瑞拉（"油姑娘"），从而塑造了完全不同于原来刻板形象的女性主体。在这个故事中，"油姑娘"坚持自己去闯世界，去寻求白马王子。经历了种种磨难，她最后拒绝了游手好闲的白马王子，而与黑马巫师绝尘而去，显现出独立的判断力和积极行动的精神。"彼得瑞拉"（油姑娘）作为对"辛迪瑞拉"（灰姑娘）的戏仿还有性别隐喻的含义。如果说"灰"代表的是传统的女性空间——厨房、壁炉家庭内部空间，和家务紧密相关，代表的是一种波伏娃意义上的内在性。那么，"油"（petro，石油）则是典型的男性空间，因为寻找石油必须外出和勘探，"石油"隐喻世界、野外、宝藏、能量等外部空间，具有超越性。油姑娘名副其实。

艾伦·杰克逊（Ellen Jackson）在《辛迪艾德娜》（"Cinder-Edna"，1994）❷中塑造了与"灰姑娘"形成鲜明对照的女主人公形象。辛迪艾德娜是辛迪瑞拉（Cinderella）的邻居。她的名字中也有"灰"（Cinder）这个字。但这位

---

❶ 本章中威廉姆斯的《油姑娘》引文出自 WILLIAMS J. Petronella [G] // Ed. ALISON L. The Oxford Book of Modern Fairy Tales. New York: Oxford U.P., 1993. 引文为笔者自译，不再另注。

❷ 本章中杰克逊的《辛迪艾德娜》引文出自 JACKSON E. Cinder-Edna [M]. New York: Harper Collins, 2007. 引文为笔者自译，不再另注。另外，艾德娜（Edna）与凯特·肖邦的著名女性主义小说《觉醒》中的女主人公同名，颇有深意。

名字中也含有"灰"的姑娘并没有被动地等待仙女教母的帮助，而是剪草坪、清理鸟笼，自己打工赚钱买舞会礼服。参加舞会时她也不穿既不方便也不舒服的水晶鞋，而是穿上了舒适的乐福鞋。最后她嫁给了"王子的可再循环使用的弟弟，而且觉得他们这对儿可比哥哥那对儿有趣多了"。❶ 在这个故事中，女性在经济和社会地位上不再依附男性，成为积极行动的有独立意识的主体。

弗朗西斯·敏特斯（Frances Minters）在戏仿作品《辛迪艾莉》（"Cinder-Elly" 1997）❷ 中也"篡改"了"辛迪瑞拉"的名字。女主人公名为"辛迪艾莉"或直译为"煤渣艾莉"。这位住在现代城市里的灰姑娘用垃圾桶、复印机甚至是玻璃运动鞋来寻找她的白马王子。"灰"或者说"煤渣"不再具有暗淡、悲惨、值得同情、等待帮助等暗示意义。当代作品中的这些姑娘们名字中的"灰"（cinder）产生了脚踏实地、独立自主、富于创造力、充满个性的新的象征含义。"灰"姑娘们的主体性在她们令人印象深刻的名字变体中显得尤为醒目。

第二节 仙女教母的"帮助"

帮忙者在推动故事发展中起关键作用，因为他或她往往

---

❶ JACKSON E. Cinder-Edna [M]. New York：Harper Collins, 2007：31.
❷ 本章中《辛迪艾莉》引文出自 MINTERS F. Cinder-Elly. London：Puffin Books, 1997. 引文为笔者自译，不再另注。

第二章 《灰姑娘》——水晶鞋与削足适履

是大团圆结局的促成者。佩罗童话中的帮助者是仙女教母。她满足了灰姑娘的心愿，把南瓜变成了马车，小老鼠变成了骏马，大老鼠变成了车夫，壁虎变成了仆人，最后用魔法棒在灰姑娘的身上点了一下"那旧衣服瞬间就变成金丝银线织成的华服，上面还缀满宝石"，最后给了灰姑娘"一双世界上最美丽的水晶鞋"。❶

格林童话《灰姑娘》中的帮忙者是鸟儿和榛子树。父亲去参加交易会，询问三个女儿要什么礼物，大姐和二姐要的是"漂亮的衣服、珍珠和宝石"，而灰姑娘只要爸爸的帽子碰到的第一根枝条。灰姑娘把爸爸带回的榛树条插在母亲坟头，以眼泪浇灌小树，并且保持着忠诚和善良的本性。枝条长成了美丽的树。灰姑娘每天都要去树下三次，在那儿哭泣和祈祷。"每次总有一只白色的小鸟飞来停在树上，只要她说出什么愿望来，小鸟儿就会把她希望得到的东西扔给她"。❷继母不想让灰姑娘参加宫廷舞会，就故意把豆子扔在炭灰里让她捡完。结果小鸟飞来帮忙叨出了豆子。可是继母食言，依然不肯带灰姑娘参加舞会。最后灰姑娘向小树祈祷"小树啊，你摇一摇，你晃一晃，把金子银子抖在我身上"。❸结果小鸟就给她扔下"金丝银线缝成的裙子和镶银的缎子绣花鞋"。❹第二次，小鸟又给她扔下来"一套她从未有过的华

---

❶ 夏尔·佩罗. 灰姑娘［G］//鹅妈妈的故事. 张小言，译. 上海：上海译文出版社，2012：113-114.

❷ 雅各布·格林，威廉·格林. 灰姑娘［G］//格林童话全集. 杨武能，杨悦，译. 南京：译林出版社，1993：84.

❸❹ 同❷86.

祛魅——五个经典童话的后现代女性主义改写

丽灿烂的衣裙，舞鞋完全是金子的"。❶ 实际上，仙女教母、鸟、榛树都是母亲意志的体现。榛子树长在母亲坟头，而教母也往往是母亲的化身。保佑和庇护女儿是去世的母亲的心愿。

卡特的改写故事在标题中就用"母亲的幽灵"来突出母女关系在女性成长中的关键作用。格林童话中有超自然力量的教母、小动物等帮助者都被斑鸠代替，而那正是母亲的化身。在"肢残的女孩"这部分，卡特提出作为年轻女孩，灰姑娘只向父亲要小截榛树枝作礼物并不合常理。是母亲的幽灵操纵她这样说这样做，以便可以帮助灰姑娘在和继姐们进行的女性竞争中获胜。母亲的幽灵疯狂地想让女儿嫁给王子。为了让灰姑娘参加舞会，她把姐姐们的衣服、珍珠项链等首饰叼给灰姑娘，让她在院子的水井边好好梳洗打扮了一番。它甚至跟随女儿到了舞会现场，紧跟着灰姑娘，对她耳提面命，要她舞得更欢快些，好让王子看见她，爱上她。❷ 在试鞋一幕中灰姑娘面对满是继姐们鲜血的鞋很犹豫，母亲的幽灵又敦促女儿把赤脚伸进血淋淋的鞋里。

这样的改写使原来隐藏在经典童话深层的母女关系被揭示出来，阐明帮助者无论采用何种变体实际都是母亲的化身。而母亲对女儿的帮助方式完全在权力话语的框架之下。她内化了父权话语设置的理想女性标准，尤其是身体标准，并以此标准来要求女儿，帮助女儿取得性别竞争中的成功。

---

❶ 雅各布・格林，威廉・格林. 灰姑娘 [G] //格林童话全集. 杨武能，杨悦，译. 南京：译林出版社，1993：88.

❷ CARTER A. Ashputtle or The Mother's Ghost: Three Versions of One Story [G] //Burning Your Boat. London: Random House, 1995: 393.

第二章 《灰姑娘》——水晶鞋与削足适履

这种竞争实际上是男权话语下女性之间的竞争，无论是成功者还是失败者，都是权力话语下的驯顺主体。权力话语得到巩固和加强，女性则丧失了主体性。

在卡特的改写中，母亲牺牲了自己，帮助女儿走上成功的婚姻之路；女儿则通过母亲的牺牲，实现阶级跃升。但母女都表现出对权力话语的驯顺和遵从。在两个版本中女性都仍然把婚姻作为人生目标。在是否可以改变"命运"这样的奖惩机制下，女性谨慎参照权力话语中身体的尺寸、身体表面的装饰、容貌、身体动作等身体规范审视自我，改造自我。她们被塑造为完美审美客体的同时也被规训为驯顺的主体。

在"行走的衣服"部分，卡特则暗示了女儿命运的更为积极的另一种可能性。母亲的幽灵用吻抹去了灰姑娘脸上被继母烧伤的疤痕。她给了灰姑娘一条红裙子，还从自己的骷髅眼眶中拽出蠕虫，变成了"珠宝"和"钻石"。最后，她邀请灰姑娘和她一起步入自己墓穴中的棺材。就在灰姑娘踏进棺材以为自己就要死去时，棺材变成了马车和马匹。故事结尾处，母亲鼓励女儿："去闯荡你的人生吧。"❶ 在这部分的改写中，母亲并没有像在前两部分中那样，亲手将女儿成功地交给某一个丈夫，看着她走进婚姻，完成母亲的"职责"。这部分的结尾暗示在母亲的帮助下，她的女儿即将去闯荡人生，也许会成为一个独立、自尊、自在、自为的女性。如果卡特两部分改写的主要目的是"揭幕"（dismantle）

---

❶ CARTER A. Ashputtle or The Mother's Ghost: Three Versions of One Story [G] //Burning Your Boat. London: Random House, 1995: 396.

祛魅——五个经典童话的后现代女性主义改写

童话作为父权话语隐含的规训秘密的话，那么这一部分则蕴含了抵抗的可能性，当然是福柯意义上的权利话语框架下的部分抵抗，这就是为什么灰姑娘依然要有美丽的容貌、光鲜的服饰和美丽的珠宝。但母亲已经不复是父权话语的代言人和监理人，她没有把女儿完全物化，而是初步意识到要把女儿引导成为自主的主体。

《人的循环球戏》（"Human Croquet"）❶ 中的女主人公伊莎贝尔·费尔法克坐着时光机经历了跨越 300 年的"圣诞夜悲剧"家庭诅咒。伊莎贝尔经历的第一个"圣诞夜悲剧"就是灰姑娘故事的隐喻。伊莎贝尔经历的第一次圣诞节前夕悲剧发生在迈尔克姆·拉瓦特的女朋友希拉里·沃尔什举办的生日聚会上。这个中产阶级之家举办的聚会很快陷入狂欢作乐之中，先是强奸未遂，最后房子失火。灰姑娘故事的多个元素出现其中：仙女教母、礼服裙、失踪的鞋、舞会，还有王子。

伊莎贝尔的原型是灰姑娘。她拿自己和"完美"的沃尔什姐妹——希拉里和多萝西进行比较："在他们旁边，我是一个扫烟囱的，一个灰头土脸的乞丐女孩"。❷ 伊莎贝尔的邻居百克斯特太太正是仙女教母。她"像个疯狂的仙女教母"让伊莎贝尔许愿。❸ 之后，她把迪士尼的歌曲变成一个童话般的预言，告诉伊莎贝尔有一天她的王子会到来，她会坠入

---

❶ 本章中阿特金森《人的循环球戏》引文出自 ATKINSON K. Human Croquet [M] //London：Black Swan, 1998. 引文为笔者自译，不再另注。

❷ ATKINSON K. Human Croquet [M]. London：Black Swan, 1998：44.

❸ 同❷49.

爱河，快乐永远。❶百克斯特太太提出给伊莎贝尔做一条礼服裙，这一细节又把她与"灰姑娘"联系起来。不用说，宫廷舞会中王子的角色不能少，这是迈尔克姆·拉瓦特的角色。伊莎贝尔也在疯狂的花园追逐中跑丢了一只鞋子。

在这个故事里，百克斯特太太作为"仙女教母"都自身难保，生活在百克斯特先生的暴力之下。在生活中，懂得人生秘密，充当小女孩导师的形象比比皆是，她们教小女孩如何通过征服男性来征服世界，但实际上在男权社会她们只是在教女孩如何丧失独立性。另外，改写的故事也揭示了这样一个事实——不是所有女性都能成为男性注视下的美人。女性不得不面临两难之境：努力成为这样的美人会成为困于权力话语的囚徒；而不能成为这样的美人结局可能更悲惨。因此，从长远来看，女性改变命运不能依靠改变自己的形象，而是要摆脱男性注视的束缚，改变权力话语。

第三节 水晶鞋的隐喻

在灰姑娘童话中的舞鞋，无论是水晶的还是金子的，无疑都极具象征含义。佩罗童话中灰姑娘走得很急，"落下了一只水晶鞋，那只水晶鞋真是漂亮极了，全世界也找不出比它更美的鞋子了。王子把那水晶鞋捡了起来，之后的舞会

---

❶ ATKINSON K. Human Croquet [M]. London: Black Swan, 1998: 160.

上，王子就这么一直痴痴地看着它。姐妹俩认定王子已经爱上了水晶鞋的主人，也就是那位美人"。后来王子果然诏告天下"谁的脚能正好穿上这只水晶鞋，他就娶谁为妻"。❶ 人们先是拿着这只鞋子让各位公主试，然后又让公爵小姐们试，接着让整个宫廷里的姑娘都试了一遍，但仍旧一无所获。当鞋子被拿到姐妹俩的家中时，她们千方百计想把脚丫子装进去，可还是徒劳无功。旁观的灰姑娘认出了自己的水晶鞋，就笑着说："请让我试试吧，看看我能不能穿上。"❷ 姐姐们一听就大笑起来，还嘲弄了她一番。那位被派来负责试鞋的宫内侍从仔细端详了灰姑娘，他觉得这女孩儿其实很漂亮，于是就同意了，他还说自己的职责就是把这只鞋让每个姑娘都试一遍。侍从请灰姑娘坐下，当他刚把那只水晶鞋拿到她的纤纤细足旁，灰姑娘就毫不费力地把脚伸了进去，那只鞋子很合她的脚，好像本来就是为她一个人定制的。姐妹俩非常吃惊，但更让她们觉得不可思议的是：灰姑娘竟然从她的口袋里拿出了另一只水晶鞋穿到自己的脚上。❸

在格林童话中，王子拾起灰姑娘遗失的鞋看见它是"那么小巧，那么精致"，并决定"我不要别的任何姑娘做我的妻子，我只娶穿这只鞋刚好适合的那位"。❶ 王子叫他领灰姑娘出来见见。继母赶紧回答："哎，别，别，她太脏啦，见

---

❶ 夏尔·佩罗. 灰姑娘 [G] //鹅妈妈的故事. 张小言, 译. 上海：上海译文出版社, 2012：120.

❷ 同❶121.

❸ 同❶122.

❶ 雅各布·格林, 威廉·格林. 灰姑娘 [G] //格林童话全集. 杨武能, 杨悦, 译. 南京：译林出版社, 1993：88.

第二章 《灰姑娘》——水晶鞋与削足适履

不得人!"可王子非见不可,他们只好把灰姑娘叫出来。灰姑娘事先已把手和脸洗得干干净净,这时走到王子面前对他一鞠躬;他呢,也把金鞋递给她。接着,她坐在一张小凳上,脱下笨重的木头鞋把小脚伸进金鞋中——鞋就像比着她的脚铸的,再合适不过。她站起来,王子看见灰姑娘的脸,一下子认出她正是那个和他跳过舞的女孩,忍不住喊道:"她是我真正的未婚妻!"继母和她的两个女儿大吃一惊,气得脸色苍白。王子却把灰姑娘抱上马,带着她走了。他俩经过榛子树前,那两只小白鸽唱道:"快看看,快看看,没有血流进鞋里面;鞋子不小,鞋子不小,真新娘领回家去了。"❶

另外,在封建时代的欧洲,封地领主对封地上的少女拥有初夜权。鞋子也因此具有如下象征意义:脱下鞋子就等于献身。试鞋配婚的情节中鞋子以水晶为材质再恰当不过,因为水晶鞋不能随意拉伸,且易破损,是女性的处女膜即贞洁的象征。

作为被物化的商品,女性的命运是可悲的。灰姑娘的幸运实际上是一种商品被选中的"幸运",强调的依然是女性的"内在性"而非"超越性"。身体被物化,女性失去了自主的主体意识,听任男性挑选。此外,男性把女性身体当作商品按男性标准苛刻要求,给女性身心带来巨大伤害。那水晶鞋正是男性中心主义制定的女性身体标准的隐喻,而不符合这样身体标准的女性则要遭受惩罚。

---

❶ 雅各布·格林,威廉·格林. 灰姑娘[G]//格林童话全集. 杨武能,杨悦,译. 南京:译林出版社,1993:89-90.

祛魅——五个经典童话的后现代女性主义改写

　　在格林童话中王子带着鞋去找灰姑娘的父亲，对他说："我不要任何别的姑娘做我妻子，我只娶穿这只鞋刚好适合的那位"。❶ 一听这话，两个姐姐可高兴啦，因为她们的脚生得挺美。老大提着鞋回房去试穿，她母亲站在旁边帮忙。可惜的是她的大脚趾穿不进去，对她来说鞋太小了。母亲于是递给她一把刀，说："砍掉大脚趾。只要你当了王后，就用不着再走路"。❷ 姑娘果真砍掉脚趾，硬把脚塞进鞋中，咬紧牙忍住疼痛，出房来见王子。王子把她当作未婚妻抱上马，领着她走了。可是他们必须从灰姑娘母亲的墓前经过。坟头的榛树上蹲着两只小鸽子，一等他们过来就唱道："快看看，快看看，鲜血已流进鞋里面；鞋太小，鞋太小，真未婚妻还得在家里找"。王子一瞅她的脚，只见血已涌到鞋外。他掉转马头，把假未婚妻送回她家，说这不是他找的那个姑娘，应该让她的妹妹来试试。于是妹妹又进屋去试鞋，她倒算运气，脚指头都穿进去了，不料脚后跟却太肥大。无奈，母亲又递过一把刀，说："削掉一块脚后跟吧，你当了王后不再需要走路的！"❸ 姑娘削掉了一块脚后跟，硬把脚塞进鞋里，忍着疼痛出来见王子。王子把她当作未婚妻抱上马，领着她走了。当他们经过榛子树的时候，蹲在枝头的两只小鸽子又唱起来："快看看，快看看，鲜血已流进鞋里面；鞋太小，鞋太小，真未婚妻还得在家里找"。王子低头一瞅，只见鲜血已从鞋里涌出来，把上边的袜子都染红了。他立刻掉转马

---

　　❶ 雅各布·格林，威廉·格林. 灰姑娘［G］//格林童话全集. 杨武能，杨悦，译. 南京：译林出版社，1993：88.
　　❷❸ 同❶89.

头，把假未婚妻送回家里。"这一个也不是真的"，王子说，"你们没有别的女儿了吗？""没有"，老爷子回答，"有的只是我前妻留下的一个小可怜儿的灰姑娘，她不可能是你找的未婚妻"。❶

王子举行婚礼时，两个虚情假意的姐姐也来讨好，想沾灰姑娘的光。一对新人进教堂去，老大便挤到新娘右边，老二也挤到她左边。突然，两只鸽子各啄走了她们的一只眼珠。等到出教堂时，老大便换到左面，老二换到右面。这一来，两只鸽子又啄掉了她们的另一只眼睛。都怪她们太狠太坏啦，活该一辈子当瞎子，是不是？❷

卡特在《灰姑娘和母亲的幽灵》"肢残的女孩"部分着重描写了残忍的试鞋仪式。与格林童话中继母递刀给女儿的情节不同，在卡特的故事中，继母不顾女儿的惨叫，直接挥刀削掉了大女儿的脚趾、砍掉了小女儿的脚跟。在斑鸠的提醒下，这些伎俩最终败露。但肢残已经成为不争的事实，肢残还象征着主体性的残缺。"母爱"强化了权力话语，在父权话语的挟制下已经异化为"包裹住这些女孩的裹尸布"。❸

最终，母亲的幽灵如愿以偿，她催促灰姑娘把脚伸进满是鲜血的鞋子。"赤脚伸进血淋淋的鞋子这本身就是一种考验"，斑鸠唱到"如果她不能忍住厌恶把脚伸到这赤裸的伤

---

❶❷ 雅各布·格林，威廉·格林. 灰姑娘 [G] //格林童话全集. 杨武能，杨悦，译. 南京：译林出版社，1993：90.

❸ CARTER A. Ashputtle or The Mother's Ghost：Three Versions of One Story [G] //Burning Your Boat. London：Random House，1995：393.

口里，她就不配结婚"。❶ 结婚是检验一个女性是否符合权力话语定义下的女性标准的最终依据，也是对女性驯顺品质的"褒奖"。当灰姑娘终于正正好好把脚穿进血淋淋的鞋子时，斑鸠唱起"看啊！她的脚穿进了鞋里，多么像尸体装进了棺材里"。❷ 她又回头向女儿说："看到了吧，我把你照顾得多好，亲爱的！"❸ 鞋子在此是女性身体规范的象征。为了符合规范，母亲宁愿让女儿肢残。可见权力话语对女性从身体到主体的规训。这个故事通过突显经典童话《灰姑娘》中的试鞋情节的残忍，引导读者认识到经典童话中的女性遭遇。

　　萨克斯顿也戏仿了试鞋的场景。王子来到了她们家，姐姐们别提多高兴，因为她们都生了一双秀气的脚。大姐进屋试鞋，发现大拇趾碍事，索性砍掉大拇趾。二姐砍掉了脚后跟。但纸里包不住火，从鞋里往外冒的鲜血出卖了她们。从商品社会对女性从身体到主体的规训来看，姐姐们代表了婚姻市场上不符合完美女性身体标准的女性。为了迎合标准她们不惜自残。女性因为被物化而削足适履，残害自己的身体，完全丧失了主体性。她们心灵上受到的伤害比肉体上的还要难以愈合。萨克斯顿不无同情地写道："这简直就是截肢。/伤口可不是许个愿就能好的"。❹ 在这首诗带来的笑声中我们又隐约听到被"截肢"的女性痛苦的呻吟和无奈的叹息。

---

　　❶❷❸ CARTER A. Ashputtle or The Mother's Ghost：Three Versions of One Story [G] //Burning Your Boat. London：Random House, 1995：394.

　　❹ SEXTON A.Cinderella [G] //The Complete Poems of Anne Sexton. Boston：Houghton Mifflin Company, 1981：258.

第四节　舞会与婚姻市场

经典童话《灰姑娘》中舞会是最重要的场景之一。正是在这个女性供男性挑选的婚姻市场上，灰姑娘得以转变自己的命运，实现阶级的跃升。但在后现代女性主义改写中，女性不再把通过婚姻跨越阶级看作人生的终极目标，也不再把自己和男性的关系定义为客体与主体、挑选与被挑选的关系，从而实现了部分主体性。

在佩罗童话中，灰姑娘依靠美貌征服了众人和王子，成为"婚姻市场"上的抢手货：

> 大厅里顿时都没了声响，舞步停了，小提琴静了，<u>每个人都痴痴地欣赏着眼前这位陌生姑娘的绝色容颜</u>，大厅里只剩下一片赞叹声："啊！她真是太美了！"虽然国王年事已高，但他的目光也一刻都离不开这姑娘，他低声对王后说，<u>他已经好久未见如此美丽动人的姑娘了</u>。所有的贵妇都仔细打量起她的发饰和衣裳，要是能找得到这么精美的布料，再能找到一位心灵手巧的裁缝师傅，她们恨不得明天就打扮成她那模样。王子将她带到了最尊贵的席位上，接着又邀请她与自己共舞。<u>她的舞姿是那么的优雅，那么的婀娜，在场的众人对她越发钦慕</u>。王子的眼里只剩下这位美丽姑娘，哪怕是桌上摆

满了山珍海味,年轻的王子也没顾上去尝一口。❶(下画线为笔者为强调所加)

在格林童话中,王子对灰姑娘的青睐也全然源于她的美貌:

> 她穿着这一身金光闪闪的舞衣真是美极啦,两个姐姐和继母都没能认出她来,她们压根儿想不到是灰姑娘,还以为准是一位外国公主哩!相信她还坐在家里,穿着一身脏衣服,正从灰堆中拣豆子什么的。这时王子走到她面前,牵着她的手和她跳舞。他除她之外不愿和任何人跳,因此一直拉着她的手不放。每当有另外的青年来邀请灰姑娘,他都说:"她是我的舞伴"。❷

经典童话以浪漫的笔触掩盖了女性在婚姻市场上依靠美貌被挑选的被动处境。卡特在《灰姑娘和母亲的幽灵》的第二部分描述了"烧伤的孩子"的结局,意在曝光经典童话中男性和女性的权利关系。"烧伤的孩子"在母亲的幽灵的帮助下出落得亭亭玉立,打扮得美丽动人。她来到厨房把自己展示给继母的意中人。"那个男人把目光从继母身上转到她的身上,看着她说'跟我回家,让你的后妈在这儿掏炉灰

---

❶ 夏尔·佩罗. 灰姑娘 [G] //鹅妈妈的故事. 张小言,译. 上海:上海译文出版社,2012:114-116.
❷ 雅各布·格林,威廉·格林. 灰姑娘 [G] //格林童话全集. 杨武能,杨悦,译. 南京:译林出版社,1993:88.

第二章 《灰姑娘》——水晶鞋与削足适履

吧',说完他们就走了。他给了她房子和钱。她做得不错"。❶这是平民版的灰姑娘的故事。不是每个人都能嫁给王子,这个故事中"烧伤的孩子"嫁给了能给她提供基本经济保障的普通丈夫并实现了对后母的报复。但实际上王室版本与平民版本两者并无本质差别,女性都要依靠男性和婚姻摆脱困境。她们都是从已经不能为她们提供庇护的"父亲之家"走入"丈夫之家",作为男性的从属继续生活。

卡特在改写中把女性在经济和身份上的从属地位凸显出来。灰姑娘的母亲没有自己的身份,她是"一个有钱人的妻子"。❷灰姑娘也没有名字,她是父亲的女儿,继母剥夺了她的女儿地位,把她降到了女佣的地位。在卡特的故事中,女人们分为两个阵营,即灰姑娘母女与继母母女。两位母亲冲突的根源是对男性的竞争,因为男性是她们获取金钱和地位的唯一手段,女儿只是她们的"战争工具或择偶交配活动的代理人"。❸在经典童话中男性并未出场,没有任何行动,仿佛这个故事记录的只是女性之间的战争。"他很乐意把整出戏交给女人来导演……虽然他总是缺席,可别忘了灰姑娘却睡在他家的煤灰上……别忘了两对母女的对立,他才是幕后推手,以一种无形的组织原则,就像上帝一样推动情节发展"。❹换言之,卡特的改写把经典童话中隐藏在幕后的父亲,真正拥有权力的人从幕后推向了前台。这里的父亲并不

---

❶ CARTER A. Ashputtle or The Mother's Ghost: Three Versions of One Story [G] //Burning Your Boat. London: Random House, 1995: 396.
❷❸ 同❶390.
❹ 同❶391-392.

祛魅——五个经典童话的后现代女性主义改写

仅仅指具体的人,而是父权,是一种机制,而女人们只是父权操控下的牵线木偶。

萨克斯顿的"灰姑娘"也以婚姻收场。在萨克斯顿笔下,童话许诺的永恒幸福和家庭欢乐从未实现,也永远不会实现。

……
灰姑娘和王子,
从此,人们说,幸福地生活在一起,
像博物馆展柜里的两个玩偶,
永远不用为尿布和灰尘操心,
永远不会为煮鸡蛋用几分钟而吵嘴,
永远不把一个故事讲上两遍,
永远没有人到中年的烦恼,
他们的脸上涂刷着永恒的微笑。
典型的鲍勃西双胞胎❶式的微笑。
这就是那样的故事。❷

"从此幸福地生活在一起"(lived happily ever after)的童话式结局被萨克斯顿颠覆了。值得注意的是这对完美夫妻从此"幸福"地生活在了"博物馆展柜里",而且像"玩偶"一样没有生命。这不能不令人联想到这个浮华婚姻的广告性

---

❶ 鲍勃西双胞胎(Bobbsey Twins),著名儿童系列丛书中的主人公,因天真无邪的冒险经历闻名。

❷ SEXTON A.Cinderella[G]//The Complete Poems of Anne Sexton. Boston:Houghton Mifflin Company,1981:258.

第二章 《灰姑娘》——水晶鞋与削足适履

以及人被异化后的可悲性。完美的婚姻机制和消费社会推销的幸福家庭模式遭到嘲弄。灰姑娘和王子不正像广告模特一样在为幸福婚姻的理念在橱窗里作展示吗？被商品异化的他们有真正的快乐吗？我们甚至也不难联想到充斥在广告中，连同商品一起推销给消费者的种种理想的生活模式——时髦的夫妻，富有品味的家，永恒的微笑，完美的生活。这样的生活是一种消费符号，是一种诞生在符号体系自身的价值。广告推销着生活模式，但达到那个目标就要不断地消费。人们不知自己幸福与否，因为欲望已经被广告异化。"别落在邻居后面"（keep up with the Jones）紧迫感使人们迷失了自我，不再知道自己真正想要什么，只知道尽力去获得别人推销的东西包括观念。这就是王子和灰姑娘不能摆脱的生活模式。

  舞会只是男人把女人当作商品挑选的婚姻市场，揭示了消费社会女性身体被进一步物化的倾向。萨克斯顿嘲弄了从此开始了幸福的生活的童话式结局。王子和灰姑娘被描述成在博物馆展柜里供人观瞻的玩偶，脸上挂着虚假而永恒的微笑，从而讽刺了消费社会推销的完美婚姻不过是浮华、空洞的消费符号。总之，整首诗从多个角度戏谑地揭示了原童话中人与人之间的商品关系，又进一步影射了现代消费社会中消费品对人造成的异化。

  在消费社会，商品的逻辑得到普及。符号消费支配着整个文化、欲望、人际关系，以及个体的幻象和冲动。消费社会整个处在异化符号的统治之下。萨克斯顿对"灰姑娘"的改写揭示了格林童话中隐匿的商品关系。萨克斯顿把看似永恒的童话纳入现代语境，痛快地揭去了童话理想主义的面纱，在其中写入了种种关于消费社会的隐喻。同时，她的改写也突现了女性在戏仿当代消费社会中进一步被物化的现象。女性的身体被当作商品，女性成为"被符号化的身体表面"。在被各种商品装饰的繁华表象下，是女性主体性愈发空乏的事实。

在多诺霍看来，格林兄弟笔下的灰姑娘就是异性恋霸权下时刻准备着与男性结婚的女性形象。在改写中，当舞会的消息传来时，虽然倍受继母的虐待，灰姑娘仍和她的两个继姐妹一样抱有能被王子选中的期待。为了能前往舞会，她不仅三番四次地恳求后母，还努力完成了后母留给她的不可能完成的任务。灰姑娘想要进入异性恋这一规范的决心可见一斑。然而，当王子将她带到露台，甚至在他说出话前，灰姑娘已经知道王子要求婚了，一切都是既定程序。因为"女人天生就只被男性吸引这一假设已成了规范"。❶ 这时灰姑娘体内的声音也叫嚣着："答应他答应他答应他，在失去机会前答应他，你这个一无是处的东西"。❷ 然而，灰姑娘什么都没说就跑了。在门外她看到了一直等待她的帮助她的那个女人，并埋怨自己做错了：并不是错在没有接受王子的求婚，而是错在长久以来深受强制异性恋的束缚而没有注意到"这个女人这么美丽"。❸ 灰姑娘行使了自己的自由选择权，最终和这个女人一起生活。

---

❶ RICH A. Compulsory Heterosexuality and Lesbian Existence ［A］//Blood, Bread, and Poetry: Selected Prose 1979-1985. New York: Norton, 1994: 26.
❷ DONOGHUE E. The Tale of the Shoe ［G］//Kissing the Witch. London: Hamish Hamilton, 1997: 7.
❸ 同❷8.

第二章 《灰姑娘》——水晶鞋与削足适履

多诺霍的改写实际上是对朱迪斯·巴特勒（Judith Butler）性别操演理论的文本实践。巴特勒认为性别身份不是固定不变的，而是可流动的，是通过重复的表演和模仿而形成的。然而性别操演的前提是性别是两分的，"性别在遵循异性恋规范做表演"。❶ 这种操演也将异性恋置于危险之中，因为一旦停止操演，异性恋之外的性向就会取而代之。因此，异性恋为了使自己自然化和普遍化，将异性恋作为一种规范植入社会，进而成为强制异性恋。

阿德里亚安·里奇（Adrienne Rich）延伸了巴特勒的"强制性异性恋"这一概念，认为在当代社会中，女性的社会化不可避免地基于异性恋的模式，即女性所受的教育和社会影响告诉她们，她们的性别身份（例如女性意味着美丽的外表和温柔的态度等）和社会角色（妻子、母亲、情人等），都是基于与男性的异性恋关系，而这样的模式使得女性既背离了真实的自我，又与其他女性形成竞争关系。为了使女性能够自由发展自己的人格与才能，免于受到压迫性的社会要求，与其他女性相互认同，而不是争夺男性的认可，女性应该致力于创造以女性为主的空间和文化。异性恋本身并不一定对于女性构成问题，但是从社会层面上来说，异性恋的绝对主导地位和"所有人都是异性恋"的预设，以及异性恋者因符合社会要求而享受到的特权，不仅会使得同性恋女性被边缘化和从社会图景中被抹去，更会促进对于性别形象和角

---

❶ BUTLER J. Imitation and Gender Insubordination [A] //Eds. GARRY A., PEARSALL M. Women, Knowledge, and Reality: Explorations in Feminist Philosophy. New York and London: Routledge, 1996: 381.

色的刻板印象，从而使所有女性的自由发展受到限制。❶

经典童话宣扬的道德之一是婚姻是女性的终极奖赏，女性必须按照社会为女性而立的标准而活。多诺霍成功地塑造了一群努力摆脱男性控制的独立的女性形象。虽然她们在故事开始时都在一定程度上依附于男性，是不当身份，但她们最终都成长为拥有自由意志和选择权的个体，获得适当身份。经典童话教导女性异性恋爱情是其最终目标，婚姻是女性自然而无法避免的命运。多诺霍笔下的女主人公们则选择了与女人相恋，虽然危险而不被社会接受，但这是她们行使自由选择权力的结果，是对她们性向的自我肯定，也是对强制异性恋和男性霸权的挑战。

《灰姑娘》童话具有丰富的象征含义。舞鞋代表了强加于女性的身体规范，强调女性的"内在性"而非"超越性"。姐姐们不符合完美权力话语定义的女性身体标准，只能削足适履，残害自己的身体，丧失了主体性。灰姑娘虽幸运地符合规范，但身体被进一步物化、客体化，听任男性挑选，也非自主主体。"水晶鞋"所隐喻的身体标准起到了对女性主体的规训作用，给女性身心带来巨大伤害。当代作家意识到了灰姑娘母题中蕴含的摧毁女性自主性和独立性的话语力量，并试图通过改写揭示这一故事对女性的规训机制，从而达到挑战权力话语的目的。

---

❶ RICH A. Compulsory Heterosexuality and Lesbian Existence［A］//Blood, Bread, and Poetry: Selected Prose 1979-1985. New York: Norton, 1994: 51-52.

第三章

《小红帽》
——小"红"帽与力比多禁忌

第三章 《小红帽》——小"红"帽与力比多禁忌

小红帽的形象最早可以追溯到中世纪。1022~1024年出版的一本拉丁语课本《载宝之船》（*The Richly Laden Ship*）中有这样一首小诗《小红帽和小狼崽》（"Little Red Cap and the Young Wolves"）。诗中讲到一个5岁的女孩施洗后，有人给她穿上了红色的连帽羊毛短袍。日出时她出去乱跑，丝毫没有察觉潜伏的危险。一只狼把她扑倒，当作战利品带回狼窝给自己的幼崽。结果小狼崽们见到她凶残全无，不但无法伤害她，还聚拢过来抚摸她的头。小女孩还奶声奶气地说："小耗子，可别把我的袍子弄坏了呀，这可是我的教父在我施洗后给我穿上的"。故事的结尾给出了中世纪典型的教义："上帝，我们的创造者，再桀骜的灵魂也会在他面前安静下来"。❶ 故事中的小红帽身穿红色的衣裳并遭遇了危险的狼，但这个故事中没有外婆，没有小红帽和狼之间的仪式性问答，最后小红帽也没有被狼吃掉。因此，一些学者认为把这首诗作为小红帽故事原型有些牵强。但至少在中世纪已经出现小红帽和狼遭遇这样的故事雏形。

当然，如今流传最广的经典版本还是佩罗童话《小红帽》（1697）和格林童话《小红帽》（1812）。这两个版本都包含了人们熟知的小红帽故事的最基本元素：（1）母亲让小红帽探望外婆；（2）小红帽路上遭遇狼，受到哄骗，把外婆家的位置告诉了狼；（3）狼吃掉了外婆，并假扮成外婆等待小红帽；（4）小红帽和狼之间有一系列仪式性问答；（5）小红帽被狼吃掉。两个版本的不同之处是：佩罗童话以

---

❶ ZIOLKOWSKI J. M. Fairy Tales from Before Fairy Tales [M]. Ann Arbor: The University of Michigan Press, 2007: 103.

小红帽被狼吞噬为结局，小女孩没有脱险也没有复活，读起来更为残忍；而格林童话中猎人剖开了狼的肚子，救出了小红帽和外婆。

按照贝特尔海姆的心理学分析，小红帽实际上是一个处于青春期的孩子，她的矛盾心理是在生活中不知究竟应该奉行享乐原则还是现实原则。小红帽忘记了母亲的告诫（现实原则），去采摘野花（享乐原则），于是灾祸就降临了。贝特尔海姆进一步指出小红帽的故事象征性地表现了"滞留在小女孩心里还没有解决的俄狄浦斯危机问题"。[1]而被狼吃掉正是她遭受的惩罚。只有摆脱俄狄浦斯情结，她才能得到拯救。贝特尔海姆认为这个故事隐晦地告诉孩子应当与同性的家长（母亲）建立亲密牢固的同盟关系，有意识地向同性家长学习，克制不当欲望，以便顺利地长大成人。而被"欲望所支配"十分危险，必须要付出代价。[2]

德国法兰克福学派成员精神分析学家、哲学家艾瑞克·弗洛姆（Erich Fromm）在其著作《被遗忘的语言》中继弗洛伊德的"无意识"、荣格的"集体无意识"之后，提出的"社会无意识"，成为无意识理论发展史上的第三个里程碑。社会无意识乃是指为社会的大多数成员共同受社会压抑而达到无意识层次的那部分心理领域，也就是共同受到为一个特定的社会所不允许达到意识的那部分经验，受压抑的那部分精神。在"神话、童话、仪式和小说中的象证语言"这一章

---

[1] 布鲁诺·贝特尔海姆. 童话的魅力［M］. 舒伟，丁素萍，樊高月，译. 北京：社会科学文献出版社，2015：259.

[2] 同[1]258-266.

第三章 《小红帽》——小"红"帽与力比多禁忌

节中，他提出《小红帽》的故事代表了集体无意识之谜，红帽象征着月经初次来潮，女主角带的酒象征童真，后来她填进野狼肚子里的石头代表不孕。❶

在心理分析学派看来，《小红帽》是一个典型的原型故事，体现的是无性别差异的个人无意识或社会无意识。然而，着眼于童话的社会历史批评和性别批评的学者认为普遍原型批评掩盖了童话中隐藏的话语意义。民俗学者、文化人类学者、历史学家、社会学家、教育工作者、文学批评家、心理学家、犯罪学学者都试图从各自的专业角度阐释童话。

《小红帽》的故事在许多版本尤其是早期版本里充满了暴力和性暗示。如18世纪法国版本的小红帽就不明智地吃了外婆的肉、喝了外婆的血，并在狼面前表演了脱衣舞，以至于外婆家的猫气愤地把她叫婊子。最后，小红帽还机智地骗过了大灰狼，以出去如厕为名，逃之夭夭。❷ 在意大利的一个版本中大灰狼杀死了小红帽的妈妈，用她的筋做成了门闩，肉做了馅饼，血做了红酒。小红帽拉开门闩，吃了馅饼喝下了红酒。❸ 民间故事原本是孩子上床睡觉之后，农夫们聚在一起讲的故事，因此措辞非常自由，并不介意尺度。达塔（Tatar）在《格林童话中赤裸裸的事实》指出"性与暴力：这些是格林童话关注的主要话题，起码在未经编辑删减

---

❶ 弗罗姆. 被遗忘的语言［M］. 郭乙瑶，宋晓萍，译. 北京：国际文化出版公司，2001：172-176.

❷ DARNTON R. The Great Cat Massacre and Other Episodes in French Cultural History［M］. New York：Basic Books，1984：9-10.

❸ CALVINO I. Italian Fairy Tales［M］. Trans. MARTIN G. New York：Pantheon Books，1980：720.

的版本中是这样的"。❶《小红帽》的故事有一个演化过程，经过不断修订，在经典版本中成为一个警示女性的故事。实际上，在佩罗和格林之前的法国小红帽故事更加血腥、暴力、带有明显的性暗示。在一些早期的版本中有许多关于欲望和本能甚至暴力的成分，而并没有惩罚性的、以教化为目的的结尾。

佩罗"净化"了《小红帽》的故事，去除了其中血腥、暴力和色情的细节，结尾加上了小红帽被大灰狼吃掉的情节，把这个故事改造成典型的训诫故事。在古老版本中，小女孩遇到可能的诱惑者时呈现的是自然、放松的态度。面对狼人，小女孩看到了自己动物性的一面。但在佩罗的童话中，女孩会因为这样的放纵遭受惩罚。宰普斯（Zipes）把喝血、吃肉的细节阐释为小女孩的成人礼，标志着她已经到了青春期，即将步入社会，她已经完完全全可以替代自己的外婆了。但佩罗童话中女性需要特别的指导和监视，因为她们本质上更容易屈从于自己的本能，因此，女性需要格外压抑自然本能，否则就会受到严厉的惩罚。佩罗还在故事结尾处把对女孩的训诫写得清清楚楚："真狼披着狼皮，但要小心外表极富魅力的狼，他们才是最危险的。"❷

也有学者指出，佩罗的这个"儿童类古典名著"在讽刺

---

❶ TATAR M. The Hard Facts of the Grimms' Fairy Tale [M]. Princeton：Princeton UP，2003：10.

❷ 中译本《鹅妈妈的故事》中，结尾的训诫性的警示缺失，见夏尔·佩罗：小红帽 [G] //鹅妈妈的故事. 张小言，译. 上海：上海译文出版社，2012：1-8. 此处引文出自佩罗童话英译本 PERRAULT C. The Fairy Tales of Charles Perrault [M] //Trans. CARTER A. London：Victor Gollancz，1977. 中文为笔者自译。

第三章 《小红帽》——小"红"帽与力比多禁忌

性寓言之下包裹着的实际上是17世纪法国宫廷及上流社会的性爱政治。佩罗的目的是教导上流社会的淑女,捍卫贞洁,远离滥交的危险。因为年轻女子失去贞操就失去了在买卖婚姻中的筹码。❶ 上述学者认为佩罗《小红帽》是一则训诫女性控制欲望的寓言故事。

格林童话则反映了欧洲维多利亚时期的家庭价值观。表面上看,格林童话讲的只是一些通俗易懂的道理:要听父母的教导,不要和陌生人说话等。实际上,格林兄弟对这一故事的修改和润色体现了维多利亚时代新的家庭伦理。他们删掉了佩罗童话中的性暗示,强化了中产阶级核心家庭的道德训诫:纪律、孝顺,父亲是一家之主等。所以,格林添加了母亲叮嘱小红帽不要离开大路这一情节,这在佩罗童话中是没有的。故事中还增加了猎人的形象,代表的正是父亲的形象。就这样,从佩罗到格林,《小红帽》从女性操守寓言转变为家庭价值观寓言,基督教的观念得以加强。❷

宰普斯还指出,佩罗童话和格林童话《小红帽》都是天才欧洲作家的杰作,他们将自己的需求和价值观投射到社会习俗化文本中,虚构到人物的行动上。❸ 笔者想指出的是,这两个经典童话版本正是权力话语的产物,通过佩罗和格林等作家的加工和改写,权力话语得以以人们喜闻乐见的形式

---

❶ ORENSTEIN C. Little Red Riding Hood Uncloaked: Sex, Morality, and the Evolution of a Fairy Tale [M]. New York: Basic Books, 2002: 32-38.

❷ 同❶55-61.

❸ ZIPES J. A Second Gaze at Little Red Riding Hood's Trials and Tribulations [A] //Ed. ZIPES J. Don't Bet on the Prince: Contemporary Fairy Tales in North America and England. New York: Routledge, 1989: 227-231.

广泛传播，强调本能和欲望的危险，通过惩罚等手段达到塑造驯顺主体，尤其是性别主体的目的。

19世纪70年代，诸多女性主义者从权力的角度把女性被压抑的欲望和她们较低的社会地位相联系。她们相信重新发现女性"真实的欲望"会赋予女性权力和在社会生活领域更强的自信心。❶ 凯特·米利特（Kate Millett）在她著名的女性主义批评著作《性政治》（*Sexual Politics*）中也称对女性实施控制的有效方法之一就是把性的危险和罪恶只与女性建立联系。"父权制的宗教和伦理倾向于把女性和性联系在一起，好像性的耻辱都是女性的过错。因此，女性被认为不洁、罪恶、带来颓废衰败，而男性则往往被当为一个人而不是一个性别而看待"。❷ 也就是说，将性定义为不洁并将其与女性联系起来是父权制度塑造顺从女性主体的一种方式。经典童话《小红帽》传达的主要教训即女性必须压抑和控制她们的本能和欲望，如若不然，必将遭到惩罚，并最终被自己的欲望所吞噬。

福柯认为权力最原始的身体策略即惩罚。在西方古典社会，权力通过对身体进行"暴力和血腥的惩罚"来塑造顺从的主体。他著名的"断头台上的场面"即展现了一种以"示众"为主要模式的权力对身体施加暴力的盛大政治仪式。这种权力形式在众目睽睽之下残酷地折磨反叛者的身体，通过

---

❶ RICHARDSON D. Sexuality and Feminism ［A］//Eds. ROBINSON V., RICHARDSON D. Introducing Women's Studies. Houndmills, London：Macmillan, 1997：160.

❷ MILLETT K. Sexual Politics ［M］. New York：Doubleday & Company, 1970：51-52.

恫吓民众使之威服。❶ 权力公然地在身体上打下烙印，以便达到对其最好的控制效果。如果说惩罚是权力普遍施加于古代民众的身体策略的话，那么女性在以男性占主导地位的社会遭遇到的则是双重暴力的威胁和恐吓，也就是说，男性和女性在权力关系体系中既是同样受制约的，又是不平等的，反叛女性往往要承受来自普适权力和男性权力双重的暴力惩罚。经典童话作为话语的重要载体成为权力作用于身体的一种有效"示众"场所。在经典童话《小红帽》中，小红帽被狼吞掉的场景既暗示了小红帽被自己的欲望吞噬，也象征女性屈从于自己的欲望而在作为权力话语的童话中被"示众"惩罚。

第一节　红色的帽子、狼、问答仪式的象征含义

　　在佩罗童话《小红帽》中，女孩名字的由来是这样的："从前，在一个村庄里，住着一个小姑娘。小姑娘长得非常可爱，谁也没有她那样可爱。妈妈可疼她了，外婆对她更是宝贝得要命。好心的外婆给她做了一顶小红帽，这顶帽子把

---

❶ FOUCAULT M. Discipline and Punish: the Birth of the Prison [M]. Trans. SHERIDAN A. New York: Vintage Books, 1979: 33-63.

祛魅——五个经典童话的后现代女性主义改写

小姑娘打扮得特别漂亮,所以人家都唤她作小红帽"。❶ 在格林童话《小红帽》对小红帽是这样描写的:"从前有个可爱的小姑娘,谁见了都喜欢,但最喜欢她的是她的奶奶,简直是她要什么就给她什么。一次,奶奶送给小姑娘一顶用丝绒做的小红帽,戴在她的头上正好合适。从此,姑娘再也不愿意戴任何别的帽子,于是大家便叫她'小红帽'"。❷ 小红帽的形象极富象征含义并不断被借用,阿特伍德(Atwood)所著的《使女的故事》(*The Handmaid's Tale*,1985)也借用了小红帽形象,让使女们穿上红色衣服,手里拿篮子。❸

那么,红色的帽子到底有什么象征含义呢?贝特尔海姆指出红色象征着"强烈的情感,尤其是含有性的情感"。❹ 所以,外婆送给小红帽的那顶红色绒帽可以看作一个隐喻,它象征着不成熟的性吸引力。小红帽处于性发育期,但在精神上她还没有成熟起来。而"早熟的性发育是一个倒退的行为"。一个还没有成熟到准备好经历性行为的人,在突然卷入激起强烈的性情感的经历时,便会倒退到以俄狄浦斯情结方式来解决问题的阶段。这种人感到他能在性方面取胜的唯一办法就是摆脱掉更有经验的竞争对手——于是小红帽明确

---

❶ 此处及下文中的佩罗童话《小红帽》引文出自夏尔·佩罗. 小红帽[G]//鹅妈妈的故事. 张晓言, 译. 上海:上海译文出版社, 2012:2.
❷ 本章中的格林童话《小红帽》引文出自雅各布·格林, 威廉·格林. 小红帽[G]//格林童话全集. 杨武能, 杨悦, 译. 南京:译林出版社, 1993:99.
❸ SMITH P. K. The Postmodern Fairytale: Folklore Intertexts in Contemporary Fiction [M]. New York: Palgrave, 2007:22.
❹ 布鲁诺·贝特尔海姆. 童话的魅力[M]. 舒伟, 丁素萍, 樊高月, 译. 北京:社会科学文献出版社, 2015:261.

第三章 《小红帽》——小"红"帽与力比多禁忌

地告诉老狼怎样赶到外婆家去"。❶ 在贝特尔海姆的解读中,"红帽"象征着女孩的性成熟。

同样,狼在西方文化里也具有和"红帽"相契合的象征含义。在《牛津英语字典》里"狼"的一条释义是:诱拐女人的男子。贝特尔海姆指出狼并不仅仅是个男性引诱者,他也代表着我们身上一切不合群的、不理智的冲动。❷ 一个女孩独自离家,走向危险的森林。而森林和大路相对,前者代表身体、欲望、性方面的危险,而后者象征母亲的训诫和社会规范。去往外婆家的旅程无疑充满象征意义。在享乐原则和现实原则之间,在逾矩和驯顺之间,小红帽应该如何选择呢?经典童话给出了这样的答案:

> 狼在心中盘算着:"这小东西细皮嫩肉的,味道肯定比那老太婆要好。我要讲究一下策略,让她俩都逃不出我的手心。"于是它陪着小红帽走了一会儿,然后说:"小红帽,你看周围这些花多么美丽啊!干吗不回头看一看呢?还有这些小鸟,它们唱得多么动听啊!你大概根本没有听到过吧?林子里的一切多么美好啊,而你只管往前走,就像是去上学一样。"
>
> 小红帽抬起头来,看到阳光在树木间来回跳荡,美丽的鲜花在四周开放,便想:"也许我该摘一把鲜花给外婆,让她高兴高兴。现在天色还早,我不会去迟的。"

---

❶ 布鲁诺·贝特尔海姆. 童话的魅力[M]. 舒伟,丁素萍,樊高月,译. 北京:社会科学文献出版社,2015:262.

❷ 同❶260.

祛魅——五个经典童话的后现代女性主义改写

> 她于是离开大路，走进林子去采花。她每采下一朵花，总觉得前面还有更美丽的花朵，便又向前走去，结果一直走到了林子深处。❶（下画线为笔者为强调所加）

在格林童话中，小红帽对狼的引诱、充满魅力的野花和森林毫无抵抗能力，完全屈从于自己的本我。"走向林子深处"即是走向自己欲望的深处，预示着她即将为此付出极大的代价。

除了红色的帽子和狼的隐喻，《小红帽》中的问答仪式也具有强烈的暗示意义。

> 藏在被子下的大灰狼看着小红帽走了进来，就对她说："把那薄饼和那一小罐奶油放在木箱上，过来在我身边躺会儿吧。"小红帽脱下衣服躺到了床上。她看到穿着睡衣的外婆便觉得她的样子奇怪得很。小红帽问外婆：
>
> "外婆啊，你的胳膊怎么那么粗呀？"
>
> "我的好姑娘啊，这是为了把你抱得紧紧的！"
>
> "外婆啊，你的腿怎么那么壮呀？"
>
> "我的好姑娘啊，这是为了能跑得更快呀！"
>
> "外婆啊，你的耳朵怎么那么大呀？"
>
> "我的好姑娘啊，这是为了能听得更清楚呀！"
>
> "外婆啊，你的眼睛怎么那么大呀？"

---

❶ 夏尔·佩罗. 小红帽 [G] //鹅妈妈的故事. 张小言，译. 上海：上海译文出版社，2012：99.

第三章 《小红帽》——小"红"帽与力比多禁忌

"我的好姑娘啊,这是为了能看得更明白呀!"
"外婆啊,<u>你的牙齿怎么也那么大呀?</u>"
"这就是为了把你吃掉!"❶
(下画线为笔者为强调所加)

格林童话的问答仪式和佩罗童话大同小异,小红帽分别问了老狼的耳朵、眼睛、手和嘴为什么那么大。❷ 问答中可知狼的手、胳膊、腿、耳朵、眼睛、牙齿、嘴有一个共同特征,那就是很大。可以说经典童话旨在突显狼的危险和强大。而"小红帽脱下衣服躺到了床上"这一细节隐晦地把此种危险与欲望联系起来。讲故事可以"通过不直接谈论禁忌话题的方式谈论禁忌话题"。❸ 换言之,童话帮助人们隐晦地谈论禁忌话题,讨论不能公开讨论之事。如果说经典童话中狼作为性的象征还是隐晦的,那么在后现代女性主义童话改写中,这一点就被明白地揭示出来。

米利特(Millettt)把"政治"定义为"权力结构的关系,是一群人对另一群人进行安排和控制"。她还认为"性属于具有政治含义的权力地位范畴。性支配权借由我们文化

---

❶ 夏尔·佩罗. 小红帽 [G] //鹅妈妈的故事. 张小言,译. 上海:上海译文出版社,2012:7-8.
❷ 雅各布·格林,威廉·格林. 小红帽 [G] //格林童话全集. 杨武能,杨悦,译. 南京:译林出版社,1993:100.
❸ MACDONALD M.R. Fifty Functions of Storytelling [A] //Ed. MACDONALD M. R. Tradition Storytelling Today:An International Sourcebook. Chicago and London:Fitzroy Dearborn Publisher,1999:409.

中最广泛存在的意识形态进行分派,也是权力最根本的概念"。❶ 戴安·理查德森(Diane Richardson)认为大多数女性主义者认为权力和统治是目前两性关系的核心。男性是主动的主导者;女性则是被动的从属者。❷ 在女性主义者看来,性已经成为讨论权力关系的最重要的领域之一。

性不仅和权力相关,也与主体和真理密切相关。福柯认为"性与知识领域密切关联,表达了一种规范性,塑造了主体和自我之间的关系模式"。❸ 他认为性伦理包含非常严格的真理义务,这不仅涉及学习性行为的道德规则,还强调一个人要不断地监视作为欲望主体的自我。其后果是:性、主体和真理紧密地联系在一起。❹ 简言之,西方文化中存在一个与权力分配相关的定义,即关于什么是正常性行为的定义,而这一定义是真理话语体系的一部分。如果主体的欲望在真理体系中不可接受,那么他的自我认同就会出现问题。在权力话语的真理系统中,女性应该在与男性的关系中处于被动从属地位,方被视为正常。女性力比多、自主欲望、主动行为则在真理话语中被定义为反常。权力话语通过制定"标准",惩罚"反常"达到塑造权力话语的目的。

---

❶ MILLETT K. Sexual Politics [M]. New York: Doubleday & Company, 1970: 13, 24-25.
❷ RICHARDSON D. Sexuality and Feminism [A] //Eds. ROBINSON V., RICHARDSON D. Introducing Women's Studies. Houndmills, London: Macmillan, 1997: 160-161.
❸ FOUCAULT M. Ethics: Subjectivity and Truth. [A]. Ed. RABINOW P. Trans.HURLE R.and others.Essential Works of Foucault 1954-1984.New York: The New Press, 1997: 200.
❹ 同❸182-183.

第二节　小红帽的"诡计"

苏珊·布朗米勒（Susan Brownmiller）在《违反我们的意志》（*Against Our Will*，1975）一书指出童话故事把小女孩塑造为心甘情愿的受害者这种做法颇为不当。她指出：

> 童话故事中往往充满莫名的恐怖气氛，但灾难似乎只降临在小女孩头上。甜美、柔弱的小红帽即将出发去看她住在森林中的外婆。狼潜伏在树荫下，盘算着怎样才能吃到这美味的肉食。在故事中我们得知，小红帽和外婆面对强壮而狡猾的狼毫无抵抗能力。它长着的大眼睛、大手、大牙——"为了更好地看到你、抓到你、吃了你啊亲爱的"。狼没有遇到任何反抗，不费吹灰之力就把两位女性吞了下去。但是猎人出现了，只有他才能挽回这个可怕的错误……小红帽是女性遭到强暴的寓言。在茫茫的森林里那些可怕的男性形象——我们称为狼或者其他什么名字——总之女性在他们面前毫无招架之力。❶

确实，无论在佩罗童话还是在格林童话中，小红帽都不

---

❶ ORENSTEIN C. Little Red Riding Hood Uncloaked: Sex, Morality, and the Evolution of a Fairy Tale [M]. New York: Basic Books, 2002: 145.

具备任何抵御侵害的智慧或能力。她听凭本能，让享乐原则占了现实原则的上风，于是把自己置于危险的境地却不能自救。然而，在另一些不太知名的版本中，小红帽却机智果敢。如在1885年的法国口头民间故事集中记录了一个《外婆的故事》（"The Grandmother's Tale"）❶，情节是这样的：在小红帽问了问答仪式中的最后一个问题"外婆，你的嘴巴好大啊"之后，狼人给出了"这样才好把你吃掉"的回答。小红帽意识到了危险，马上谎称要出去如厕，狼人阻挠不成，只好让她快去快回，还在她的脚上绑了羊毛绳，以防她跑掉。小红帽聪明地解开了羊毛绳，把它系在了院中的李子树上。狼人发现情况不对，出去查看，发现小红帽已逃跑。它紧追在后，但追到小红帽家门前时，小红帽已经安全地进屋了。❷ 小红帽临危不乱，不但想出了逃跑的好主意，还能一口气跑回家，是个大胆、聪明、强壮的小女孩。虽然她也受到了狼的诱骗，但是在发现危险之后能够自救，也没有受到失去生命的惩罚。这样的女性形象和经典童话中的角色形成鲜明的对照，彰显了女性的主体性。

罗尔·达尔（Roald Dahl）❸的《叛逆歌谣》（*Revolting*

---

❶ 《外婆的故事》见 "The Grandmother's Tale"，转引自 ORENSTEIN C. Little Red Riding Hood Uncloaked：Sex, Morality, and the Evolution of a Fairy Tale [M]. New York：Basic Books, 2002：65-67.

❷ ORENSTEIN C. Little Red Riding Hood Uncloaked：Sex, Morality, and the Evolution of a Fairy Tale [M]. New York：Basic Books, 2002：66-67.

❸ 罗尔·达尔（Roald Dahl, 1916~1990），是著名的挪威籍英国儿童文学作家、剧作家和小说家。他的《查理与巧克力工厂》（*Charlie and the Chocolate Factory*）、《查理和大玻璃升降机》（*Charlie and the Great Glass Elevator*）、《詹姆斯与大仙桃》（*James and the Giant Peach*）、《玛蒂尔达》（*Matilda*）等作品畅销全球，具有很高的知名度。

第三章 《小红帽》——小"红"帽与力比多禁忌

Rhymes）中有一首小诗《小红帽和狼》（"Little Red Riding Hood and the Wolf"）。❶ 女主角小红帽在与狼的斗争中甚至成为完全意义上的胜利者。她也问了狼经典童话中的常规问题，但问完最后一个问题后小红帽就不按常理出牌了。当狼把她看成小点心垂涎欲滴时，小红帽开了口："但是外婆，你身上的这件裘皮大衣真气派、真漂亮啊"。狼马上纠正："错了！你忘了吗？你应该问我的牙为什么这么大啊"。小红帽回答："没关系啦，反正我也要吃掉你"。接下来小女孩微微笑，眨眨眼，从裤兜里掏出了一把手枪，瞄准了狼的头，嘭！嘭！嘭！几枪把狼打死了。几周后，故事的叙事者说自己在林子里又遇到了小红帽。但是她的形象变了，没穿红斗篷，也没戴那顶傻乎乎的红帽子。她还对叙事者说："嗨你好，注意哦，我穿的可是正宗的狼皮外套"。❷ 在这首戏仿小诗中，小红帽带上了枪，对即将到来的危险做好了充分的准备。她甚至还从受害者变成了女猎人。在这样的改写中，女性凭借智慧和勇气不再惧怕阴森恐怖的森林，成为具有行动能力的自主主体，甚至是外部世界的主宰者。

然而从肯定女性力比多的角度来说，卡特的短篇小说《与狼为伴》（*The Company of Wolves*, 1979）对经典童话

---

❶ 罗尔·达尔的《小红帽和狼》见 DAHL R. Little Red Riding Hood and the Wolf [G] //Ed. TATAR M. The Classical Fairy Tales: Texts Criticism. New York, London: W. W. Norton & Company, 1999: 21-22.

❷ DAHL R. Little Red Riding Hood and the Wolf [G] //Ed. TATAR M. The Classical Fairy Tales: Texts Criticism. New York, London: W. W. Norton & Company, 1999: 22.

《小红帽》的改写最为彻底。❶ 卡特在一篇采访中解释：狼代表了很多意义，但最基本的仍然是力比多。❷ 她在《萨德式的女人》中提出女性在性关系中的地位直接揭示了她们与男性在社会中的权力关系。❸ 对于卡特来说，自主女性欲望是关乎女性主体性建立的重要问题。

在《与狼为伴》中卡特挑战经典童话的权力话语，摒弃了以压抑女性自主欲望为目的的惩罚机制。最终小红帽和狼人躺在一起，并驯服了他。通过这样的情节安排，卡特申明了小红帽可以拥有自主欲望的权力。故事开头就明确地呈现了隐藏在佩罗童话和格林童话中的女性欲望主题，女主角卸去天真孩子的面具，以青春期少女的形象出现：

> 在这荒蛮的乡村，孩子们的童年都不长。他们没有玩具可玩，所以都勤恳干活儿，好尽快长大、变聪明起来。但这一个，如此漂亮，是家中最小的孩子，晚来之女，母亲对她尤其宠爱。祖母给她织了一条红色披肩，今天，如果雪上有鲜血，那就是不祥的预兆。她的胸部已开始发育，她的头发像棉丝一样，很漂亮，几乎不会在她苍白的额头上留下阴影。她的皮肤白皙、脸颊嫣

---

❶ 本章中卡特的短篇小说《与狼为伴》引文出自 CARTER A. The Company of Wolves [G] //The Bloody Chamber. London: Vintage Books, 1995: 110-118. 引文为笔者自译，下面引用此作品仅标注页码，不再另注。另外，卡特的《与狼为伴》在1984年被尼尔·乔丹（Neil Jordan）导演改编为同名电影。

❷ HAFFENDEN J. Novelists in Interview [M]. London: Methuen & Co. Ltd, 1985: 84.

❸ CARTER A. The Sadeian Woman: An Exercise in Cultural History (1979) [M]. London: Virago Press, 2000: 17.

第三章 《小红帽》——小"红"帽与力比多禁忌

红,富于象征含义。她刚刚经历了月经初潮,体内的生物钟一个月敲响一次。❶

故事的开头就将红色披肩与经血联系在一起,强调女孩的青春期和性成熟,为女孩随后进入象征欲望的森林埋下伏笔。森林是欲望和危险的隐喻——"她一步入森林,森林就像上下颚一样紧紧地闭合起来"。❷然而,面对被禁止的欲望和未知的危险,这个女孩没有畏惧,"她是一个坚不可摧的蛋,她是一个密闭的容器,她体内有一个神奇的空间,入口被一道膜封住。她不知道何为恐惧。她手里有刀,她什么也不怕"。❸女孩"体内被一道膜封住的空间"暗指童贞。面对失去童贞的"危险",卡特笔下的女孩与经典童话中的小红帽不同,她没有恐惧,而是做好准备保护自己并面对一切。

另一与经典版本相异之处是卡特笔下的狼是一个英俊的小伙子,更直接地代表了性吸引力。而这个女孩也不是无辜、被动的受害者。她并未在不知情的情况下被狼欺骗,而是积极地、有意识地参与了这个已经被她识破的诱惑游戏。因为"她以前从来没有见过这么英俊的小伙子,在她家乡那群乡巴佬中可没有这等人才……他们俩很快就像老朋友一样

---

❶ CARTER A. The Company of Wolves [G] //The Bloody Chamber (1979). London: Vintage Books, 1995: 113.
❷ 同❶114.
❸ 同❶113-114.

开起了玩笑"。❶ 这个年轻人建议他们进行一场比赛，看看谁会先到达她外婆家，如果她输了，就要给他一个吻作为奖励，女孩"在路上磨磨蹭蹭，这样才能确保这位俊俏的年轻绅士赢得他的赌注"。❷

小红帽在危急时刻的做法与她在经典童话中的大不相同。在《与狼为伴》中小红帽来到外婆家，外婆已经被吃掉，小红帽察觉到危险并认识到："最坏的狼心里面长毛"。于是"她很震惊，颤抖着，把大红色的披肩裹得愈发紧，仿佛披肩能保护她一样，尽管这披肩像她马上要抛洒的血一样红"。十只、二十只，越来越多的狼聚集在外面。小红帽"脱掉了她的大红披肩，罂粟花的颜色，牺牲的颜色，月经的颜色。既然恐惧对她没有好处，她就不再害怕了"。❸ 当她问狼人如何处置披肩时，他告诉她把它扔进火里，因为她再不需要了。然而，令读者惊讶的是，女孩不但把披肩扔进了火里，还把自己身上的上衣、裙子、袜子和鞋子也扔进了火里。她在他面前脱光了衣服，解开了衬衫的扣子。❹ 小红帽反客为主的行为十分令人不解，然而下面的情节会揭示卡特的改写意图。

在卡特笔下，狼人是一个英俊的小伙子，成为小红帽的欲望对象。在通常情况下，女性是审美客体和欲望对象。然而在改写的故事中，小红帽把狼人置于"女性注视"下，使

---

❶ CARTER A. The Company of Wolves [G] //The Bloody Chamber (1979). London: Vintage Books, 1995: 114.
❷ 同❶115.
❸ 同❶117.
❹ 同❶115-116.

其成为自己的审视对象和欲望客体。卡特力图通过这样的改写使女性力比多合法化。正如凯瑟琳·拉帕斯（Catherine Lappas）指出的那样，卡特的这篇小说标志了一个重要时刻，在这一时刻"女性拥有了看的权力——这是女性把男性置于被看地位的时刻"。❶ 女主人公对男性身体的"客体化审视"标志着她从欲望客体到欲望主体的转变。

卡特这篇故事的另一个戏剧性的改编在结尾处。小红帽按照仪式程序问到最后一个问题："你的牙齿怎么这么大啊！"狼人回答说："这样好吃掉你啊"。女孩突然大笑起来，"她知道自己可不是谁的盘中餐"。她拒绝扮演牺牲者和受害者的角色。接下来，出乎意料的一幕出现了。第二天早晨，女孩醒来，睡在外婆的床上，睡在温柔的狼爪之间。❷ 这一结局体现了卡特对女孩颠覆性行动所持的肯定态度。

贝特尔海姆认为，结局对童话故事来说格外重要，小红帽故事的关键是它的结局蕴含的信息是肯定的还是否定的。❸ 小红帽没有遭到惩罚，这本身就说明了卡特对小红帽行为的肯定。卡特笔下危险的夜晚好比野蛮的婚姻仪式，小红帽通过了成人礼，她最终躺在了狼人的臂弯而不是他的胃里。这一描写同时挑战了女性的传统角色，消解了既定的诸如男人/女人、主动/被动、食肉动物/食草动物、加害者/受害者

---

❶ LAPPAS C. Seeing is Believing, But Touching is the Truth: Female Spectatorship and Sexuality in "The Company of Wolves" [J]. Women's Studies, 1996, 25(2): 115-136.

❷ CARTER A. The Company of Wolves [G] //The Bloody Chamber (1979). London: Vintage Books, 1995: 118.

❸ DARNTON R. The Great Cat Massacre and Other Episodes in French Cultural History [M]. New York: Basic Books, 1984: 283.

等二元对立项。

　　女性力比多在经典童话中是负面、消极的，在卡特的改写中却转变为正面、积极的。卡特在采访中评价："小红帽是一个了不起的角色，"代表着"被压抑的女性欲望的解放"——"漂亮地一脚把油门踩到底"。❶ 卡特笔下的女主角并不热衷于和王子结婚，而是愿意探索未知的危险领域。《与狼为伴》挑战了权力话语对女性身体主体的规约，重塑了小红帽与狼人之间的欲望关系，展现了女性的独立意识和对自己欲望的主宰权。

　　然而，也有批评家提出，在这个故事里女性的自主欲望是以接受父权限制为代价的，女性仍然处于被男性追捕、包围、威胁的传统地位。换言之，"狼仍然是主导者，而小红帽则是反应对象"。❷ 这一观点有一定的道理，女孩的自由确实是有限的。但这正是福柯所定义的"抵抗"的本来意义。福柯认为一下子完全颠覆权力关系几乎不可能，抵抗必须在原来的权力关系中发生，"哪里有权力，哪里就有抵抗，但更确切地说，这种抵抗永远不会处于权力关系之外"。❸ 也就是说，抵抗不是外在于权力的对立力量，而是权力关系中的内在反抗性因素。当与权力共存时，抵抗不可避免地要战略性妥协。正如福柯所察"在多种多样的抵抗"中，存在很多

---

❶ HAFFENDEN J. Novelists in Interview [M]. London: Methuen & Co. Ltd, 1985: 84.

❷ CLARK R. Angla Carter's Desire Machine [J]. Women's Studies, 1987, 14 (2): 147-161.

❸ FOUCAULT M. The History of Sexuality: Volume I: An Introduction [M]. Trans. HURLEY R. New York: Vintage Books, 1980: 100.

"妥协和牺牲"。❶但福柯还指出妥协和牺牲的策略并不一定导致抵抗力量在斗争中的失败。实际上,"抵抗只能存在于权力关系的战略领域。但这并不意味着抵抗仅仅是反应或反弹,也不意味着抵抗永远是被动的或注定失败的"。❷根据福柯的抵抗理论可分析出卡特的改写在一定程度上"妥协"是自然的,这种矛盾的抵抗在改变现有的权力关系方面仍然有积极意义。

第三节 强悍的外婆和缺位的猎人

在经典童话《小红帽》中,女性角色显得微不足道。无论是外婆还是母亲都软弱无力。外婆面对老狼毫无招架之力,只能等待被吞掉。正如《女巫出国记》(*Witches Abroad*, 1991)中的女巫抱怨的那样:"我一直很讨厌那个小红帽的故事。从没有人关心手无寸铁的老太太们的命运"。❸确实,外婆在经典故事中毫无作为,还为老狼提供了乔装的行头。在一些后现代女性主义改写的版本中她却成为机智勇敢的女性长辈,成为小红帽成长的榜样。

莫斯赛德郡童话故事共同体(The Merseyside Fairy Tale

---

❶❷ FOUCAULT M. The History of Sexuality: Volume I: An Introduction [M]. Trans. HURLEY R. New York: Vintage Books, 1980: 96.

❸ 《女巫出国记》参见 PRATCHETT T. Witches Abroad [M]. London: Corgi, 1996: 122.

Collective）讲述的《红帽》（"Red Riding Hood"，1972）就是这样一个故事。故事中的女孩"经常穿一件厚厚的带帽的红斗篷，大家就都叫她小红帽。这件斗篷是她的曾祖母还是小女孩的时候穿过的，如今传给了她"。❶ 小女孩胆子很小，什么都怕，尤其惧怕那陌生的森林。她在城里长大，而她的父母小时候在林场干活。他们很好奇："我们小时候都在林子里玩，你怎么不去呢？"红帽回答："林子又黑又暗，冬天还能听到远处传来的狼嚎"。父母笑着说："哪儿有什么狼，打很久以前就没有狼了"。可是小红帽的曾祖母把她叫到一边告诉她："并不是所有人都能听到狼叫，他们还以为那是林子里的风呢。当我还是个小姑娘时，有一年冬天，我出去砍柴，一只会说话的狼扑向了我"。"天啊，老祖母，"小红帽低声问："那您怎么办啊？""我与它搏斗啊，最后用斧子砍死了它，"曾祖母回答："因为那时候啊，我年轻，又强壮又矫健"。❷ 在这个故事中，红斗篷是曾祖母穿过的，又传给小红帽。曾祖母替代了外婆的形象，小红斗篷的传承暗示了女性经历和经验的传承。这个改写版本中曾祖母发挥了积极的女性榜样示范作用，她不像经典童话中的外婆，软弱、无力，是典型的任人宰割的受害者，曾祖母健壮、勇敢，能够凭一己之力除掉妄图伤害她的狼。如果"狼"代表女性欲望

---

❶ 本章中《红帽》引文出自 ACKROYD A., BEN-TOVIN M., MEREDITH C., NEVILLE A. Red Riding Hood [G] //Ed. ZIPES J. The Trials and Tribulations of Little Red Riding Hood. Routledge, 1993: 251-255. 引文为笔者自译，不再另注。

❷ ACKROYD A., MARGE B-T, Catherine Meredith and Anne Neville. Red Riding Hood [G] //Ed. ZIPES J. The Trials and Tribulations of Little Red Riding Hood. Routledge, 1993: 252.

第三章 《小红帽》——小"红"帽与力比多禁忌

的话,那么儿时的曾祖母这位"小红帽"不但没有被自己的欲望吞噬,反而把欲望置于自己的掌控之下,显示了女性的自信、力量和能力。

那么,曾祖母的女性力量是否能够传递给小红帽呢?故事开始时,小红帽非常胆小,惧怕森林。有一天,父母叫她给曾祖母送吃的。那是一个满月之夜,她穿过恐怖的森林来到曾祖母家门前,听到一个虚弱的声音唤她进去。借着月光她看到被子下面的狼。在完成经典童话中的问答仪式后,狼窜出被窝,咆哮着对她说:"是为了吃掉你!"小红帽吓得不断惊声尖叫。正在这时,曾祖母的声音从门外传来:"快,孩子,快!让我进去!"小红帽猛地拉开了厨房的门,厨房里站着的正是曾祖母,手里拿着从炉火中拽出来的一截燃烧的树棍。老得腰都弯了的曾祖母拿着带火的木棍向狼逼近。狼惧怕火焰,它试图从背后袭击老婆婆。小红帽吓得缩到墙边,眼看火棍即将燃尽,狼就要扑向曾祖母。[1]

这时她想起其他孩子是如何轻而易举地割开兽皮做外套的,于是她把手伸到篮子里,抽出一把锋利的尖刀。火棍就要烧没了,就在老狼攒足力气马上要扑向曾祖母时,小红帽一跃而起,举刀刺向了老狼的心脏。狼发出可怕的嚎叫,倒在血泊之中。在曾祖母的帮助下小红帽剥掉了狼皮,给外套做了个毛皮衬里。曾祖母一边把狼皮往红斗篷上缝,一边说:"听着,曾孙女,现在斗篷有了神奇的力量。下次你再

---

[1] ACKROYD A., BEN-TOVIN M., MEREDITH C., NEVIUE A. Red Riding Hood [G] //Ed. ZIPES J. The Trials and Tribulations of Little Red Riding Hood. Routledge, 1993:254.

遇到胆小害羞的孩子，你就把这狼皮斗篷借给他们。他们也会像你一样变得勇敢"。后来小红帽一遇到这样的孩子，就把斗篷借给他们。但大部分时间，她都是自己穿。"这件斗篷她穿了很多年，斗篷不但带给她温暖，还帮助她不断地向森林深处探索"。❶ 斗篷带给身体温暖和力量，使主体变得独立自信。

在另一个当代改写版本《小心，我会在树林里等你》（"I Shall Do Thee Mischief in the Wood"，1991）中小红帽和外婆都是狼人。在这个版本中小红帽也戴一顶外婆为她做的红丝绒帽子，这帽子"深红色浓得化不开，仿佛经血的颜色"。❷ 裘德路过这个地方，他喝酒时听卖苹果酒的小贩说有个漂亮的小女孩隔两周就会到这个市场来一次。她衣衫褴褛，提个圆圆的篮子，看起来很开心。她什么东西都换不出去，但仍然来，人们已经习惯了她的存在。裘德是个酒色之徒，他总是喝酒、找妓女，把鼓鼓的钱包挥霍一空。小红帽从酒馆前面经过，裘德看到她露在破衣烂衫外面的手臂和腿，顿生歹意。他跟随小红帽进了林子，一路搭讪、猥亵，小红帽貌似懵懂，对男子的所作所为不以为意。但裘德得寸进尺，侵犯升级，正在万分危急之际，身后的农舍门开了。裘德仿佛跌进了"充满瘴气的深渊"，他看到了外婆，意识

---

❶ ACKROYD A., BEN-TOVIN M., MEREDITH C., NEVIUE A. Red Riding Hood [G] //Ed. ZIPES J. The Trials and Tribulations of Little Red Riding Hood. Routledge, 1993: 254.

❷ 本章中《小心，我会在树林里等你》引文出自 KOJA K. I Shall Do Thee Mischief in the Wood [G] //Eds. DATLOW E., WINDLING T. Snow White, Blood Red. New York: Avon Books, 1993: 148-149. 引文为笔者自译，不再另注。

第三章 《小红帽》——小"红"帽与力比多禁忌

到这老太太才是"林子中唯一的野兽"。她的眼睛和小红帽的眼睛一样,圆圆的、黑幽幽的、亮闪闪的,但一看就知道经历了沧桑。在昏暗中,狼外婆的头发和小红帽的一样,浓密地板结在一起,披散着,很长。裘德想掏出手枪,但小红帽的双手阻止了他。❶

　　落入狼女祖孙二人手中,裘德的命运可想而知。实际上不难推断小红帽实际上是外婆放出的诱饵,她以美色吸引好色之徒,把他们引到外婆的小屋,然后把他们吃掉。实际上,男性为他们的不当欲望付出了代价。在这个故事中,外婆已经不再是手无寸铁的老太太,无辜的受害者,而是长着锋利牙齿、足智多谋,设下陷阱的狼人。小红帽也不是毫无行动能力的欲望对象,而是主动的诱惑者甚至是劫杀者。女性成为强势者和胜利者。

　　女性成为狼,男性成为猎物,这样的改写颇耐人寻味。"狼女"这一形象不禁令人联想到西方文化中的一类原型——"红颜祸水"或称"致命女性"(femme fatale)。但这个故事不是从同情男性的视角讲述他们遇到富于吸引力的"致命女性"后的可怕命运,而是用大量的笔墨描写裘德,肆意侵害无知女孩的无耻之行,在这样的铺垫下,他的下场可谓是咎由自取。尾随小红帽进入林子意图不轨的登徒子实际上死于自己无节制的、极为自私的欲望。女性在权力关系中处于欲望客体的不利位置,但在这篇小说中狼女利用这一弱势地位以暴力的方式颠覆了既有的权力关系。这既可以理

---

❶ KOJA K. I Shall Do Thee Mischief in the Wood [G] //Eds. ELLEN D, WINDLING T. Snow White, Blood Red. New York: Avon Books, 1993: 159-160.

解为女性对男性暴力的复仇和反抗，也可以理解为女性以自身需求为目的的主体行为。虽然暴力不分性别都值得商榷，但文中展现的女性的胆识、狂野和力量确实瓦解了经典童话《小红帽》中女性胆小、怯懦和软弱的刻板形象。

在经典童话《小红帽》中，男性形象显得非常突出。贝特尔海姆（Bettelheim）认为在这个故事中猎人是"富有责任感、强壮和救人脱难的父亲形象"。❶ 佩罗童话中还没有出现猎人的形象，但在格林童话中猎人开始充当保护者的角色。这一变化与格林兄弟所处的维多利亚时代欧洲的家庭价值观吻合，宣扬了女性顺从父权的重要性。在后现代女性主义改写中则很少出现猎人的形象。当外婆和小红帽都能自救甚至把狼当成猎物后，强有力的拯救者，父权形象的代表确实就没有存在的必要了。

经典童话中小红帽离开大路去林中采摘野花，受到狼的诱惑与之搭讪和游戏，屈从于自身欲望。整个故事中最危险的正是女孩那"正在萌芽的性意识"。因此，两个《小红帽》的经典版本虽然结局不同，传达给读者尤其是女性读者的教训相同，即女性如果不压抑和控制自身欲望的话，必将受到残酷的惩罚。自主的女性力比多是女性主体性的重要组成部分，因此成为男性权力话语中固化了的禁忌。小红帽的故事所展现的正是在话语领域中权力对不循规蹈矩的身体进行惩罚的过程。然而，由于经典童话高度抽象，惩罚作为权力的机制这一点非常隐晦。

---

❶ 布鲁诺·贝特尔海姆. 童话的魅力 [M]. 舒伟，丁素萍，樊高月，译. 北京：社会科学文献出版社，2015：260.

后现代女性主义改写通过赋予红色的帽子新的象征含义，重构仪式性问答对话，改变狼、小红帽、外婆、猎人的角色身份等方式揭示经典童话中的话语形成机制，并改写惩罚主题。这种以重塑女性主体为目的的改写是对权力话语的抵抗。

第四章

《睡美人》
——棘墙刺壁内的囚禁与重生

第四章 《睡美人》——棘墙刺壁内的囚禁与重生

《睡美人》的故事情节最早出现在 14 世纪法国散文体罗曼司《佩尔斯森林》中。泽兰丁娜公主受到诅咒，在织布时刺破手指，陷入深深的睡眠。特洛伊斯在她沉睡前爱上了她。他历险归来，找到公主，并在欲望驱使下与沉睡的公主发生了关系。9 个月后，睡美人生下一个孩子。孩子寻找乳头时，不小心吸到了妈妈的手指，吸出了扎入她手指的亚麻，泽兰丁娜醒来。特洛伊斯再次历险归来，把她带回了他的王国。❶

巴西尔（Giambattista Basile）的《太阳、月亮和塔丽雅》（"Sole，Lune eTalia"，1634-1636）是睡美人故事另一个较早的版本。故事中塔丽雅被施魔咒沉睡不醒。一位国王来到她的房间，被她的美貌吸引。他抱着她到床上，在那里收获了爱的果实，然后把她留在床上继续沉睡。后来国王回到了自己的王国。过了很长时间，他忘记了所发生的一切。塔丽雅生下了一个男孩名叫太阳，一个女孩名叫月亮。后来国王又想起了她，就趁着打猎的机会去看她。这引起了王后的嫉妒和愤怒。她叫厨子把太阳和月亮煮了给国王吃，但厨子耍了个花招，使两个孩子幸免于难。最终王后的阴谋被揭穿，国王娶塔丽雅为妻。塔丽雅历经了磨难和考验终于和丈夫、孩子生活在一起。❷

佩罗显然熟悉巴西尔的故事，并将其改变为我们今天所

---

❶ ZIPES J. The Great Fairy Tale Tradition：From Straparola and Basile to the Brothers Grimm [M]. New York, London：Norton, 2001：684.

❷ 同❶686-688.

祛魅——五个经典童话的后现代女性主义改写

熟知的经典童话《睡美人》。❶ 从前，有一位国王和一位王后，他们一直没有孩子。他们朝圣、祈祷，想尽了一切办法后，王后终于生下了一个女孩。在公主的施洗仪式上，国王请来了王国里能找到的所有仙女，一共七位，来做小公主的教母。按照传统，每位仙女都为小公主送上一种天赋，这样，小公主就几乎集所有的优点于一身了。王宫里还为仙女们准备了盛大的宴会。正当大家准备就餐时，一位老仙女来了。她上了年纪，且一直独居在塔楼，大家都不知道她还活着，所以没有邀请她。老仙女非常生气，认为这是对她的轻慢。仙女们纷纷为小公主送上礼物：美貌、善良、从容优雅、迷人的舞姿、夜莺般的歌喉，还有精通所有乐器的天赋。这时老仙女诅咒道："公主将会被纺锤扎破手，就此丧命"。❷ 大家都吓坏了，也伤心极了。正在此时，一位还没有送出礼物的年轻仙女走了出来，大声说道："国王，王后，请你们放心，你们的女儿不会就这样死去的。说实话，我确实没有能力破除老前辈的咒语，但是小公主被纺锤扎到后并不会丧命，她只是沉沉地睡去了，她将沉睡一百年，一百年以后会有一位王子来唤醒她"。❸ 国王想尽办法避免魔咒应验，他下令全国禁止使用纺锤纺纱，也不许任何人私藏纺锤，违命者会被处于死刑。

转眼15年过去了。有一次，国王和王后、公主去一处行宫小住。公主来到城堡塔楼的最高处，看见一位老婆婆正在

---

❶ 佩罗童话《睡美人》见夏尔·佩罗．睡美人［G］//鹅妈妈的故事．张小言，译．上海：上海译文出版社，2012：31-50．

❷❸ 同❶35．

用纺锤纺纱，老人家从来没有听说过关于纺锤的禁令。出于好奇，公主去拿纺锤看，结果手被扎破，昏迷过去。各种办法都试过，小公主都没能醒来。国王知道老仙女的预言实现了。他命令侍从将公主安放在一张铺满金丝银线的床上。国王和王后吻别了熟睡中的公主，并下令禁止任何人靠近城堡，就这样让公主安安静静地睡着，直到魔咒解除的那一天。

一百年后，一位王子路过这里，城堡已经被荆棘包围，他穿过荆棘篱笆进入城堡，吻了沉睡的公主，睡美人醒了，他们相爱了。这样，日子过了两年，他们有了两个孩子，女儿叫晨光，儿子叫阳光。国王驾崩后王子继承王位，接回了自己的妻子和孩子。王子的妈妈王后来自食人族，见到小孩就想扑上去吃掉。一次新国王要去打仗，把国事交给太后打理，妻儿交给她照看。谁知食人魔竟让厨师把孩子煮了给她吃。幸亏厨子心肠好，孩子才逃过一劫。此后太后又准备了装满毒蛇和癞蛤蟆的木桶，准备把母子三人投入其中。幸亏国王骑着马飞奔进了院子，王后气得跳进了木桶，被毒虫蛇蝎吃掉了。睡美人和丈夫、孩子一起过起了无忧无虑的生活。

格林童话《玫瑰公主》与佩罗童话《睡美人》情节大致相同，只有部分细节略有差异。比如，佩罗童话中馈赠天赋的七个仙女和施魔咒的老仙女在格林童话中被设置成了十二个帮忙的女预言家和一个对立的女预言家；在佩罗童话中国王和王后离开了沉睡的行宫，但在格林童话中他们也和公主及其他仆从随公主一同睡去；另外，格林童话以"王子和玫

祛魅——五个经典童话的后现代女性主义改写

瑰公主举行了盛大热闹的婚礼,两人快快活活地过完了一生"❶ 结束,并不像佩罗童话那样还安排了婚后遭遇食人族王后的情节。但总体而言,两个版本都流传甚广。它们包含了睡美人故事的主要元素:出生、诅咒、睡眠、拯救、重生等。

睡眠是死亡的隐喻。而死亡与少女是西方文学艺术中经久不衰的母题。在文艺复兴时期就出现过大量的以死亡与少女为主题的绘画作品,描绘了少女被死神攫住的场景。浪漫主义时期舒伯特的四重奏第十四号《死亡与处女》是这一母题最著名的音乐作品,灵感来自德国诗人马修斯·克劳狄乌斯(Matthius Claudius,1740~1815)创作的一首八行诗《死亡与处女》(*Death and the Maiden*)。诗中死神降临在沉静午睡的少女身边,在梦中少女看到死神来临,引诱她说:"来吧,到我的怀里,你就可以永享安宁"。女孩哀求道:"请您走开吧,请您走开,你这野蛮的骷髅。我还如此年轻,走吧,亲爱的,别碰我"。❷ 但最后死神还是无情地带走了女孩。俄罗斯作曲家柴可夫斯基创作的芭蕾舞剧交响乐《睡美人》(1890)是芭蕾音乐中的经典,其主题也是以睡眠为象征的死亡和少女。

贝特尔海姆相信睡美人的故事对青春期少男少女具有非常积极的心理意义。他认为在青春期"极度的闲散消沉及昏昏思睡交替出现",有时人为了"显示自我或消除内心的压

---

❶ 雅各布·格林,威廉·格林. 玫瑰公主[G]//格林童话全集. 杨武能,杨悦,译. 南京:译林出版社,1993:182.

❷ CHISHOLM H. Claudius, Matthias[G]//Encyclopedia Britannica(11th ed.). Cambridge: Cambridge UP., 1911: 106.

第四章 《睡美人》——棘墙刺壁内的囚禁与重生

抑而进行危险的行动"。❶《睡美人》的故事告诉少男少女不要鲁莽行事,即使像故事中的女主人公一样经历一个"沉睡般的蛰伏期"也没有关系,故事结局美满,说明即使蛰伏,生长发育也不会停滞不前。这样可以在无意识层面使"处于青春萌动期的少男少女在处于疲乏之际不担惊受怕"。❷ 许多童话故事着重强调主人公要发展自我就必须进行轰轰烈烈的冒险行动。然而这一故事却与此相反,它着重阐明的是"长期的平心静气的意守自我也是必不可少的"。❸ 这一故事命名为《睡美人》强调的即是消极长睡,但在一些其他版本中则突显了长睡对于主人公的保护作用,如英国故事《刺蔷薇》("Briar Rose")其故事名强调的就是"有保护作用的棘壁刺墙"。❹ 这个故事隐含的意义是:"不要迫不及待、操之过急,一旦时机成熟,那似乎无法解决的难题就会迎刃而解,正像它自己消失一样"。❺

贝特尔海姆还认为"王子恰好在恰当的时候来到睡美人身边是一个推动了性发育的重要事件",这宣告"女主人公以长睡不醒为象征的自我封闭告以结束",而"一个更高层次的自我诞生了"。❻ 然而这样乐观的阐释显然不能解释睡美人故事一些其他版本中强暴、怀孕等梦魇般的情节,比如在一些法国早期民间版本中,已婚的白马王子强暴了睡眠中的

---

❶ 布鲁诺·贝特尔海姆. 童话的魅力 [M]. 舒伟,丁素萍,樊高月,译. 北京:社会科学文献出版社,2015:341.

❷ 同❶342.

❸ 同❶341.

❹ 同❶355.

❺ 同❶356.

❻ 同❶357.

公主，她给他生了几个孩子，而且一直没有醒来。❶ 另外，贝特尔海姆对这个故事的普适性心理分析阐释抹去了故事中人物设置的性别差异。实际上，处于"蛰伏"状态的是女性，而王子不需要蛰伏，他积极进取、勇于冒险，才救出了荆棘城堡中的睡美人。

因此，女性主义者对《睡美人》的普世价值提出了质疑。有的批评家指出睡美人是女性处于消极被动状态的理想形象代表。❷ 另有批评家认为沉睡的公主是一个与感知、经验和语言隔绝的人，"她的整个幸福、整个身份取决于她与一个她爱的男人的关系"。❸ 睡美人"被剥夺了表达自己与他人的关系的能力，因此仍然是分裂的：一个未被描述的（并且因此未定义的）自我和一个被外界描述的身体"。❹ 麦当娜·科尔班施拉格（Madonna Kolbenschlag）在其专著《吻别睡美人：打破女性神话与榜样》（*Kiss Sleeping Beauty Goodbye: Breaking the Spell of Feminine Myths and Models*，1979）中指出"童话是普遍的文化神话（如性别歧视）的载体"。其中，睡美人"是一种被动状态的象征，是对女性精神状态的隐喻"。❺ 睡美人逆来顺受，不做任何挣扎，这使

---

❶ DARNTON R. The Great Cat Massacre and Other Episodes in French Cultural History [M]. New York: Basic Books, 1984: 284.

❷ MILLETT K. Sexual Politics [M]. New York: Doubleday & Company, 1970: 176.

❸❹ WAELTI-WALTERS J. Fairy Tales and The Female Imagination [M]. Montreal: Eden, 1992: 73.

❺ KOLBENSCHLAG M. Kiss Sleeping Beauty Goodbye: Breaking the Spell of Feminine Myths and Models [M]. New York: Bantam Books, 1981: xiv, 5.

第四章 《睡美人》——棘墙刺壁内的囚禁与重生

她最终获得了报偿。王子的到来会让她的耐心等待得到补偿。❶ 从女性主义的角度来看,睡美人是一个受害者,是一个隐喻,或是一个被动的终极状态;她依靠男性来拯救她,她的整个心理性别身份仅仅是他的欲望的反映。

[童话中的] 教训包括善与恶、奖与惩等,都不是性别中立的,而是基于父权文化价值观,有明显的性别差异。性别差异主要体现在男女分开的角色分配上,典型男主人公勇敢、坚强、足智多谋,而典型的女主人公纯洁、善良、温顺,如睡美人一样有着能等上一百年的耐心。在像灰姑娘和睡美人这样的故事中,年轻女孩的榜样无不耐心、无私、沉默、纯洁、顺从。对女孩来说,最大的财富是美丽,因此她得到了王子、财富和婚姻的奖励。这样的女孩不需要做任何事情,她只需等待,常常在一个偏远的塔里等待,被一个勇敢的王子拯救。童话故事还通过希腊神话故事中多嘴多舌的女性受到惩罚的故事来证明女性说话的危险性。她们只要美丽、被动和无怨无悔地接受无助的状态就会得到安享家庭生活的回报。❷

为什么在经典童话中美丽的公主只需要等待就可以得到

---

❶ ZIPES J. Fairy Tales and the Art of Subversion: the Classic Genre for Children and the Process of Civilization [M]. New York: Wildman Press, 1983: 24.
❷ ARISTODEMOU M. Fantasies of Women as Lawmakers [A] //Eds. FREEMAN M., LEWIS A. D. Law and Literature: Current Legal Issues. Oxford: Oxford UP, 1999: 197-198.

圆满的结局？实际上，这是因为公主具备权力话语所定义的女性美德，美满的结局是对这些美德的报偿。美貌、顺从、沉默是父权社会宣扬的女性美德，这在经典童话中多有体现。然而也正是这些"美德"成为后现代女性主义改写的标靶。

第一节 如果睡着的是丑姑娘

睡美人首先要是美人，这一点至关重要。正如波伏娃指出的那样："因为无论她们是公主还是牧羊女，要想获得爱情和幸福就必须漂亮；长相普通总是与残忍和邪恶有关。当一个丑女人遭遇不幸，人们总是怀疑到底这不幸惩罚的是她犯下的罪行还是她丑陋的外表"。❶ 美貌是权力话语评价女性价值的第一参照标准。

在佩罗童话中，七个仙女们纷纷为小公主送上礼物：美貌、善良、从容优雅、迷人的舞姿、夜莺般的歌喉，还有精通所有乐器的天赋。❷ 这些天赋都可以看作权力话语对女性的评价标准，是对女性价值的规约。其中美貌、举止、舞姿、歌喉、精通乐器的天赋都与身体密切相关。美貌是决定性因素，其他无论是举止还是舞姿，抑或歌喉或对乐器的精

---

❶ BEAUVOIR S. D. The Second Sex [M]. Trans. and Ed. H. M. Parshley. London: Jonathan Cape, 1972: 294.
❷ 夏尔·佩罗. 睡美人 [G] //鹅妈妈的故事. 张小言, 译. 上海: 上海译文出版社, 2012: 35.

第四章 《睡美人》——棘墙刺壁内的囚禁与重生

通都需要通过对身体的训练获得。仙女的馈赠显然反映出权力话语对女性身体的规训。在格林童话中女预言家们向孩子赠送的礼物是"德行""美貌"和"财富"和其他世界上一切值得渴求的东西。❶ 无论在佩罗童话中还是格林童话中,美貌都是不可或缺的特质。

在佩罗童话中,"小公主看上去就像一位天使,<u>她实在太美了</u>。她虽然昏了过去,但她的脸蛋儿却并没有失去血色,她的双颊依然是粉嫩的,她的双唇依然像珊瑚那般红润"。❷ (下画线为笔者为强调所加) 在格林童话中,白马王子进入城堡"只见公主躺在床上,<u>模样儿美极了</u>,王子目不转睛地望着她,忍不住弯下腰去吻她。他刚刚一吻到玫瑰公主,她便睁开眼睛,苏醒过来,非常温柔地注视着王子"。❸ (下画线为笔者为强调所加) 睡美人"实在太美了"或"模样儿美极了"才是她得到王子青睐和命运眷顾的最主要原因。

简·约伦(Jane Yolen)进一步思考女主人公的容貌在她命运转变中所起的作用,写出了戏仿作品《睡着的丑姑娘》(*Sleeping Ugly*, 1997)。❹ 故事围绕三个人物展开:米莎丽拉公主、相貌平平的简和拥有魔法的老仙女。米莎丽拉"是一

---

❶ 雅各布·格林,威廉·格林. 玫瑰公主 [G] //格林童话全集. 杨武能,杨悦,译. 南京:译林出版社,1993:180.
❷ 夏尔·佩罗. 睡美人 [G] //鹅妈妈的故事. 张小言,译. 上海:上海译文出版社,2012:38.
❸ 同❶182.
❹ 简·约伦的《睡着的丑姑娘》故事及引文见 YOLEN J. Sleeping Ugly [M]. New York:Paperstar, 1997. 引文为笔者自译,不再另注。

位美丽的公主……内心却不能按照外表来判断。她实际上是最卑鄙、最邪恶、最低劣的公主"。❶ 约伦在改写中故意将外表价值与内在价值分离,质疑经典童话按照美貌判断女性德行的惯常做法。简与米莎丽拉相反。"在同一个王国,在林子的深处,住着一个贫苦的孤儿,她的名字叫相貌平平的简。她确实人如其名。她的头发很短向下刷,她的鼻子很长向上翻。即使头发和鼻子生长的方向掉个个儿,她也绝对算不上什么美人儿。但是她爱动物,她对陌生的老太太也总是很和善"。❷

在故事的开头,米莎丽拉把马丢了,她想要回家。路上她遇到了老仙女和简,于是命令她们帮助她回家。老仙女喜欢简,愿意帮她实现三个愿望。简用了两次机会消除米莎丽拉侮辱别人所造成的损失。老仙女很生气,于是施魔法让包括她自己在内的所有人都沉沉睡去。多年以后,一位王子路过此地,他面临一个难题,这三个女人,他应该吻谁呢？此刻,约伦显然拒绝经典童话中经常呈现的女性基于容貌的相互竞争。在《睡着的丑姑娘》中王子故意先把最美的姑娘淘汰出局:"王子看着米莎丽拉……即使眉头紧蹙,她还那么美。但乔乔知道那种公主。他有三个表妹就是这样,外表美丽,内心丑陋"。❸ 乔乔王子最后选择了相貌平平的简,而让米莎丽拉一直睡下去。

《睡着的丑姑娘》不免有矫枉过正的嫌疑,为"美人"

---

❶ YOLEN J. Sleeping Ugly [M]. New York: Paperstar, 1997: 7-8.
❷ 同❶10.
❸ 同❶58-59.

贴上内心丑陋的类型化标签也颇为不当。但从改变经典童话深入人心的形象这一角度，这一改写是有益的尝试，是当代作家对于权力话语的反驳，质疑把容貌作为评价女性价值最高标准的合理性，探讨女性作为人的价值的真正含义。

第二节　作为歇斯底里症状的睡眠

"睡美人"三个字中一个关键词是"美人"，另一个关键词是"睡"。"睡"象征的其实是权力话语规定的女性的另一些优点如被动、沉默和耐心。她可以睡上一百年，一动不动，耐心等待命运的安排。不主动作为，却可以得到一切。这是经典童话对女性的劝导。波伏娃曾经分析男性中心主义权力话语中的性别角色差异"女人是睡美人、灰姑娘、白雪公主，她接受、屈服。在歌曲和故事中，年轻人出发去冒险去寻找女人；他杀死恶龙，他与巨人搏斗；而她则被锁在一座塔、一座宫殿、一个花园、一个洞穴里，被拴在一块石头上，她是一个俘虏，她酣睡，她等待"。❶ 女主人公沉睡一百年，完全被动、耐心、顺从，这是父权最希望女性拥有的"美德"，她们可以因此获得报偿。

---

❶ BEAUVOIR S. D. The Second Sex［M］. Trans. and Ed. PARSHLEY H. M. London：Jonathan Cape，1972：294.

卡特在小说《马戏团之夜》(*Nights at the Circus*, 1984)❶中嵌入了睡美人这样一个人物以揭示经典童话中强加于女性身体的被动性，并强调这种强迫的被动对女性主体的伤害。这个睡美人是施莱克夫人怪异女性人体博物馆展出的一个女孩。在一个名叫"深渊"的展区，睡美人和怪胎四眼女孩、三英寸高的女孩、长翅膀的女孩等一起展出。实际上，睡美人是一位乡下牧师的女儿。直到14岁月经初潮的那一天，她一直过着正常、快乐的生活。但那天之后，除了用很少的时间用以维持生物循环，她每天都陷入睡眠之中，21岁时，她被带到施莱克夫人的博物馆，躺在小窗帘后面，里面放着一盏灯。这是她的"亵渎祭坛"。❷

在经典童话中睡眠是对于女性耐心的试验，但对于乡下姑娘来说，睡眠是一种真正的限制。在这个睡美人故事中，神奇的色彩让位于悲剧性的现实风格。这个睡美人不是公主，她出身低微；她睡了，时间滴答流逝，年龄越来越大；她仍然没有摆脱身体上所有的麻烦，需要吃一点食物然后排泄。所有这些表明，她只不过是一个凡人。此种睡眠毫无收获且十分痛苦。博物馆的小房间就像一个囚室，女孩的睡眠是囚禁的一种隐喻。

男性幻想着女性身体的绝对静止，强加被动性于她的身

---

❶ 卡特的长篇小说《马戏团之夜》引文出自 CARTER A. Nights at the Circus（1984） [M]. London：Vintage Books, 1994. 引文为笔者自译，不再另注。

❷ CARTER A. Nights at the Circus（1984） [M]. London：Vintage Books, 1994：61.

第四章 《睡美人》——棘墙刺壁内的囚禁与重生

体,供观众观瞻娱乐。也可以说,她的睡眠是歇斯底里症的症状。❶ 她的睡眠与第一次月经直接相关,文化所施加在她身体上的"女性被动特质"是她歇斯底里症的主要原因。从这个意义上说,她用歇斯底里的睡眠反抗日常生活中的监禁和约束,因为父权社会中的女性在很大程度上处于被动的生存状态。禁锢令人窒息,做梦之人忍不住在睡梦中哭喊:"噢,难以忍受!""睫毛下面缓缓地流出了大滴的眼泪"。❷ 这位睡美人是权力话语围困下痛苦的囚徒。

卡特通过描写怪异博物馆里睡美人的境遇,一方面揭示出好奇的男性目光把女性身体变为一种奇观的"罪行",另一方面让读者看到女性在身体被权力话语规训后,成为残缺、痛苦的主体这一事实。小说中博物馆展出的另一畸人长翅膀的女孩弗雷弗斯替所有被展出的女孩呼喊:"(她们)像你们一样也有心跳,她们都是受苦的灵魂"。❸ 通过弗雷弗斯之口,卡特表达了她的义愤之情,社会不应把女性当作"物品"一样看待,因为她们是具有主体性的人。

卡特在其他作品中还运用睡美人的故事要素表达女性被男性暴力限制和威胁的处境。例如,在《新夏娃受难记》

---

❶ 卡特笔下这一人物的嗜睡症与弗洛伊德在《歇斯底里症研究》一文中所列举的睡眠障碍有诸多相似之处,如:"精神萎靡、疲惫""头脑昏沉""效率低下"等。见 FREUD S. Studies on Hysteria [A] //Trans. STRACHHEY J. The Standard Edition of the Complete Psychological Works of Sigmund Freud (1893-1895). London: Hogarth, 1981: 106.

❷ CARTER A. Nights at the Circus (1984) [M]. London: Vintage Books, 1994: 64.

❸ 同❷69.

(*The Passion of New Eve*, 1977)❶ 中，新夏娃翠斯泰莎躺在一个玻璃房子的玻璃棺里避难。这使人不禁联想到"死"去的白雪公主和陷入沉沉睡眠的睡美人形象。在一次采访中，卡特承认翠斯泰莎"代表了一种心理脆弱性"。❷ 在另一部小说《魔术玩具铺子》(*The Magic Toyshop*, 1967)❸ 里，有一天早上，当少女梅兰妮醒来，看到壁纸上玫瑰花丛中的荆棘时，她觉得仿佛刚刚从一个世纪的睡眠中醒来。❹ 通过玫瑰花的荆棘，卡特把梅兰妮容身的叔叔的魔术玩具铺子与格林童话《玫瑰公主》中的荆棘城堡联系到了一起，揭示出现代女性梅兰妮依然像她的女性先祖一样遭受压抑和限制的现状。魔术玩具铺主人叔叔正是残暴的男性家长的代表，他肆无忌惮地操纵梅兰妮及婶婶，把她们完全物化。这个家就像囚禁女性、使女人陷入极度被动的荆棘城堡。

无论是怪异女性人体博物馆还是魔术玩具铺子都是荆棘城堡的变体，是女性的受困之地。在佩罗童话中"行宫的周围长出许许多多的大树小树，还生出盘结交错的荆棘。无论是动物还是人都无法再次进入城堡"。❺ 在格林童话中"在王宫四周，长出来一道玫瑰刺篱笆，而且一年一年越长越高，

---

❶ 卡特的长篇小说《新夏娃受难记》见：CARTER A. The Passion of New Eve (1977) [M]. London：Virago Press, 2000.

❷ HAFFENDEN J. Novelists in Interview [M]. London：Methuen & Co. Ltd, 1985：87.

❸ 卡特的长篇小说《魔术玩具铺子》引文出自 CARTER A. The Magic Toyshop (1967) [M]. London：Virago Press, 2001. 引文为笔者自译，不再另注。

❹ CARTER A. The Magic Toyshop (1967) [M]. London：Virago Press, 2001：53.

❺ 夏尔·佩罗．睡美人 [G] //鹅妈妈的故事．张小言，译．上海：上海译文出版社，2012：39-40.

第四章 《睡美人》——棘墙刺壁内的囚禁与重生

终于把整个王宫包围起来,然后又从顶上合拢去,把王宫完全密封住,连屋顶上的旗子也一点没露在外面"。❶ 在贝特尔海姆看来对睡美人具有保护意义的荆棘围墙,在卡特的改写中被描写成使女性陷入深深的被动和无力状态的监禁之地。

阿黛尔·格莱斯(Adele Geras)的《看那些玫瑰》(*Watching the Roses*,1992)❷把睡美人的故事置于现代语境。在这部小说中女主人公是英国女孩爱丽丝。她过着公主般的生活,但阴影一直笼罩着她,因为在受洗日她遭到诅咒,说她在 18 岁生日那天会死去。18 岁生日那天死亡并未降临,但她遭遇了可怕的强暴,留下了创伤后遗症。她把自己关在房间变得十分嗜睡。她拒绝与任何人说话,只和自己的日记交流。而现代版的睡美人走出阴霾,依靠的不是王子的帮助而是自救。在这一故事中,嗜睡同样是女性由于肉体遭受暴力而出现的精神症状,而并非耐心、顺从等经典童话推崇的美德的体现。

部分当代作家在作品中通过对睡眠隐喻的阐释,重申了自己的女性主义观点:父权话语虚假地承诺美丽、耐心、顺从会使女性得到丰厚回报;但实际上,睡美人们身体被囚禁,处于极度被动的状态,丧失了行动能力和主体性。卡特改写睡美人故事的目的是唤醒沉浸在童话浪漫幻想中的女性。极度被动的女性主体是男性欲望的体现,逆来顺受和被动等待的女性不可能建立主体性,也就难以获得真正的幸

---

❶ 雅各布·格林,威廉·格林. 玫瑰公主 [G] //格林童话全集. 杨武能,杨悦,译. 南京:译林出版社,1993:181.

❷ 格莱斯的小说《看那些玫瑰》参见 GERAS A. Watching the Roses [M]. New York:Harcourt Brace,1992.

祛魅——五个经典童话的后现代女性主义改写

福,甚至会招致侵害、暴力、强奸、死亡,直至主体消亡。卡特告诫女性,要避免处于睡美人所处的被动状态,这正是她在《萨德式的女人》中所警告的:"处于被动的状态无异于死亡。这是一种杀戮。这是关于完美女人的童话故事的寓意"。❶ 对卡特来说,施于睡美人和女性童话读者身上的魔咒必须被打破。

第三节 西洋镜中的骷髅王子

在经典童话中,王子风度翩翩、善良有礼,是睡美人的拯救者。佩罗童话强调王子战胜困难的勇气、对爱情的执着和获得荣耀的使命感。在佩罗童话中王子到城堡附近打猎,一个老农夫对他说:"我的王子殿下,五十多年前我的父亲曾告诉我:在那座城堡里住着一位公主,她的美貌举世无双,但是她得在那儿沉睡一个世纪,直到她命中注定的那位王子来将她唤醒"。王子听了这番话深信自己就是公主的拯救者。"爱情与荣耀的感召使他充满了力量……树木和荆棘在他面前分出了一条路"。❷ 走进城堡,王子看到:"在一张四面床帏卷起的床上躺着一位十五六岁的公主,她的身上闪耀着神奇的美丽光芒"。他跪下来吻了公主,魔法瞬间解除

---

❶ CARTER A. The Sadeian Woman:An Exercise in Cultural History (1979) [M]. London:Virago Press, 2000:77.

❷ 夏尔·佩罗. 睡美人 [G] //鹅妈妈的故事. 张小言,译. 上海:上海译文出版社,2012:41.

第四章 《睡美人》——棘墙刺壁内的囚禁与重生

了。他们在城堡的小教堂里举行了婚礼。❶ 王子勇于冒险，执着坚定，使得树木和荆棘也为他让路。既因为宿命的安排，更因为王子拥有"男性美德"，他才得以成功拯救了睡美人，获得了幸福的婚姻。格林童话也如此，甚至为突显这位王子的成功，铺设了其他王子失败的情节。

　　王国内仍传说着美丽的长睡不醒的玫瑰公主的故事——这时人们已这么称呼她，所以不时地就有一些王子来到这个国家，想要钻过刺篱笆进到宫里去。可是毫无希望，那些刺玫瑰就像长着手似的，将他们紧紧拽住，叫他们困在篱笆中怎么也挣脱不出来，最后全都可悲地死去。过了很多很多年，一天，又有一个王子来到这个国家，听见一位老人讲起那刺篱笆的故事，说是在它中间矗立着一座宫殿，<u>宫殿内沉睡着一位叫玫瑰公主的漂亮极了的少女</u>，她睡了已经一百年，和她一道沉睡不醒的还有国王、王后以及宫里所有的人。老人还说，他听自己祖父说曾经来过许多王子，企图钻过刺篱笆去，结果都困在了里面，可悲地死去啦。年轻的王子却说："<u>我不怕，我偏要进去看看美丽的玫瑰公主</u>！"好心的老人再怎么劝阻，他都不听……王子来到刺篱笆前，只见到处都开满又大又鲜艳的玫瑰花，花篱自动地分开来，让他安然无恙地走进去后，在他身后又合拢在了一

---

❶ 夏尔·佩罗. 睡美人 [G] //鹅妈妈的故事. 张小言, 译. 上海：上海译文出版社, 2012：42.

起。❶（下画线为笔者为强调所加）

如果说睡美人是女性"榜样"，那么白马王子就是男性"楷模"。在卡特的改写中，作为拯救者出现的白马王子却变成了黑暗王子甚至是死神。卡特在小说《霍夫曼博士的恐怖欲望机器》(*The Infernal Desire Machines of Doctor Hoffman*, 1972)中嵌入了一个"西洋镜"（peep show）的桥段，讲的也是睡美人的故事。在通过小孔看的画片中，睡美人被塑造成为被父权束缚、囚禁、惨遭暴力蹂躏的牺牲品。这段描写充满哥特气氛，包含强奸和死亡等情节，恢复了一些不太知名的睡美人版本中的暴力。"西洋镜"的广告上写着："快来看！这里将栩栩如生地呈现一个年轻女孩最重要的人生体验"。❷ 而这种"人生经验"通过"西洋镜"中的七幅图片呈现出来：

　　1."午夜城堡"。月光带着某种超验的光芒投射在爬满常青藤的废墟上，蝙蝠在周围飞舞。
　　2."嘘！她在睡觉！"猩红色的房间贴着警告"嘘！她在睡觉！"面色惨白的女主人公穿着黑色衣服，躺在一个雕花的扶手椅上，蜘蛛爬上爬下。
　　3."我来了。"可怕的荆棘篱笆。年轻的王子以一种芭蕾舞剧中王子求爱的姿态出现，在他的嘴边还现出

---

❶ 雅各布·格林，威廉·格林. 玫瑰公主［G］//格林童话全集. 杨武能, 杨悦, 译. 南京: 译林出版社, 1993: 181.
❷ CARTER A. The Infernal Desire Machines of Doctor Hoffman (1972)［M］. London: Penguin Books, 1994: 58. 引文为笔者自译，不再另注。

第四章 《睡美人》——棘墙刺壁内的囚禁与重生

解说词:"我来了。"

4. "一个吻可以唤醒她"。英俊的王子向睡着的女孩俯下身去。越贴越近,她睁开了眼睛。她刚刚恢复了血色的嘴唇微微张开。

5. "死亡与处女"。王子的魅力消失了。恶意蔓延。花朵变形。砖墙垮塌。醒来的女孩,年轻而可爱,看到王子攫住她,肉从他身上片片剥落。王子变成了一具咧嘴狞笑的骷髅。他一只手握着镰刀,另一只手抓住了她成熟的乳房,而他的只剩骨头的膝盖强行分开了她的双腿。

6. 空白

7. 空白❶

风度翩翩的白马王子,化身骷髅死神。浪漫的拯救之吻也演变为赤裸裸的强奸和暴力。两幅留白的画片更是引起读者对睡美人命运的可怕想象。在经典童话中,睡美人因为女性(老仙女或女预言家)的狭隘嫉恨而被诅咒堕入百年睡眠,男性扮演的是拯救者的角色;但改写文本则探究在文化中把女性处于完全被动状态的真正力量究竟是什么。答案就是父权的价值观,是权力话语对女性被动身体——主体的规约。出于这样的考虑,改写文本把男性从拯救者白马王子变为施暴的黑暗王子。象征的转变折射出女性对自身在性别权力关系中所处的位置进行了重新思考。

---

❶ CARTER A. The Infernal Desire Machines of Doctor Hoffman(1972)[M]. London: Penguin Books, 1994: 59-60.

福柯曾提出:"睡眠是死亡和坟墓的隐喻"。❶ 第五个场景的标题表明,卡特有意把"死亡和少女"的主题融入睡美人的故事中。"睡美人"和"死亡与少女"这两个主题融合为一个结论:经典童话中可以得到丰厚报偿的睡眠只是一种父权话语的诱惑,为使女性主体甘愿处于被动的状态,空洞地许诺给她一个幸福的结局。卡特意图揭示经典童话背后的权力关系,于是把白马王子变成了死神。卡特把最后两个场景设置为空白,但空白似乎告诉读者更多关于被动女孩的命运。

卡特在一篇关于法国作家柯莱特的文章中,用一个关于白马王子的笑话嘲弄了那神奇的一吻——"她[柯莱特]很清楚地知道童话故事的真相,亲吻白马王子,他立刻会变成青蛙"。❷ 在《霍夫曼博士的恐怖欲望机器》里,一吻之后王子没有变成青蛙,却变成更可怕的死神。西洋镜的情节意在表明父权话语通过对女性进行美德教育,教导她们被动和服从,成为驯顺的主体,直至沦为暴力的对象。"西洋镜"为女性揭示的"重要人生经验"是:被动无为得到的不是幸福婚姻的褒奖而是死亡的惩罚。

---

❶ FOUCAULT M. Discipline and Punish: the Birth of the Prison [M]. Trans SHERIDAN A. New York: Vintage Books, 1979: 143.

❷ CARTER A. Colette [A] //London Review of Books. London: Virago Press, 1980: 178.

第四章 《睡美人》——棘墙刺壁内的囚禁与重生

第四节 小裁缝与睡着的王子

A. S. 拜厄特（A. S. Byatt）在其布克奖获奖小说《附体》（*Possession：A Romance*，1990）❶ 中嵌入了一个《水晶棺》❷的故事，这个故事后来和其他四个故事一起收录到拜厄特的故事集《夜莺之眼》中。《水晶棺》可以说是对《白雪公主》《睡美人》《蓝胡子》《勇敢的小裁缝》等经典童话的多重戏仿。故事中公主因为拒绝黑魔法师的求婚而被诅咒，监禁在水晶棺内沉睡。小裁缝通过历险找到了公主，并用吻唤醒了她。后来他们战胜了黑魔法师，公主和她的双胞胎哥哥及小裁缝一起幸福地生活在一起。公主和哥哥每天骑马、打猎，而小裁缝则继续做他的快乐手艺人。在佩罗童话和格林

---

❶ 《附体》见 Byatt A. S. Possession：A Romance [M]. London：Chatto & Windus，1990. 这部小说的通用中译名是《占有》，但笔者认为《占有》为误译。实际上，"possession" 一词既有 "占有" 之意，也有 "受恶魔控制" 或 "鬼魂缠身" 之意。这部小说利用追寻（quest）母题展现学者罗兰探寻维多利亚诗人隐秘爱情的经历，作品中充满神秘的氛围，探寻者被历史深深吸引，仿佛被远去时代的诗人附体，同时在探究历史的过程中不断发现自我，因此小说标题应翻译为《附体》。同时，这部小说不是对传统罗曼斯人物和叙事结构的延续，而是颠覆和消解，也可视为破除 "附体" 的一种努力。拜厄特笔下的 "附体" 与韦伯定义的 "附魅" 的精神内核相似，因此也与本书的 "祛魅" 和后现代女性主义改写主题呼应。

❷ 本章中拜厄特的短篇小说《水晶棺》引文出自 Byatt A. S. The Glass Coffin [G] //The Djinn in the Nightinggale's Eye. London：Random House，2001：1-9. 引文为笔者自译，下面引用此作品仅标注页码，不再另注。

祛魅——五个经典童话的后现代女性主义改写

童话中，王子是典型的男性权威形象，他出身高贵、相貌英俊、勇敢执着，能够拯救公主，让她过上幸福的生活。而在《水晶棺》中，小裁缝出身卑微、长相普通，但他诚实善良、手艺精湛、自立自强。在拯救公主的过程中，他时而犹豫和胆怯，不太自信。最后他和公主的关系也不是主导和依赖的关系，而是一种平等的关系。拜厄特借此颠覆了在权力话语中男性的优势地位，寻求新型、平等的两性关系。

玛丽·波·奥斯本（Mary Pope Osborne）在《睡着的鲍比》（*Sleeping Bobby*，2005）❶这个诙谐的版本中交换了公主和王子的角色。主人公是一位英俊的王子，名叫鲍勃，小名叫鲍比。他的出生使整个王国沉浸在一片欢乐之中。这个国家本来有13位有智慧的女人，但国王和王后只邀请了12位给他们的儿子送上祝福，原因是王后只有12只瓷盘可以用来招待客人。没被邀请的那一位很生气，她不请自来，愤怒地宣布鲍勃在他18岁生日的时候，手会扎到纺锤死去。另一位女智者赶紧补救，承诺鲍勃不会死，只是会睡上一百年。国王和王后一直在尽量避免让鲍勃接触到纺车，但王子天性好奇、爱冒险，还是没有能够躲开这个"致命"的危险，手扎到了纺锤上，昏睡过去。

后来在未婚姑娘之间流传这样的说法：有一位善良、聪明、谦逊、英俊的王子被封锁在坚固的宫殿篱笆内，只有像鲍勃王子一样爱冒险的公主才能冲破荆棘藩篱把他救出来。后来一位精力充沛爱冒险的公主冲进了宫殿，她的亲吻终于

---

❶ 奥斯本《睡着的鲍比》参见 OSBORNE M. P. Sleeping Bobby [M]. New York: Atheneum Books, 2005.

第四章 《睡美人》——棘墙刺壁内的囚禁与重生

使鲍勃醒来。对于鲍勃来说"沉睡"只能算作真正的灾难，而不能被看作"男性美德"。他扎到手指也是因为"好奇"和"爱冒险"这些男性特质。那么，他最后得到拯救的原因是什么呢？显然不是"沉睡"和"等待"，而是"好奇"和"冒险"，因为像鲍勃一样爱冒险的女孩才能拯救他。显然这个故事鼓励男孩和女孩都应该积极行动，勇于冒险，即使可能一时陷入麻烦，从长远来看终会得到报偿。而经典童话中的"耐心""被动""消极"等都不再是被着意宣扬的美德。更为重要的是，《水晶棺》和《睡着的鲍比》中的改写都倡导更为平等的两性关系。男孩可能软弱、被动，需要成长；女孩也可以大胆、爱冒险，有所作为。他们生活在一起，快乐而平等。

《睡美人》故事的当代改写探讨了经典童话中隐含的如下女性主义主题：女性的容貌是否应该是她得到美满结局的先决条件；睡眠象征的耐心、顺从、等待等是女性"美德"，还是权力话语强加于女性主体的限制；被剥夺了主体性的女性是否更可能沦为暴力和侵害的对象；王子代表的男性是拯救者还是施暴者；拯救者是否可能和被救女性形成平等关系；积极行动具有主体性的女性是否可能成为男性的拯救者。这些改写的共同点是质疑经典童话《睡美人》中隐藏的男性和女性之间不平等的权力关系，并通过改写探索改变这种不平等关系的可能性，目的是谋求更为积极主动、能够在某种程度上抵抗权力话语的自主女性身体——主体。

第五章

《蓝胡子》
——血色密室里的焦虑与暴力

第五章 《蓝胡子》——血色密室里的焦虑与暴力

J. R. R. 托尔金（J. R. R. Tolkien）认为童话具有"禁忌的巨大神秘意义"，而禁忌中"紧锁的门是一种永恒的诱惑"。❶《蓝胡子》正是这样一个关于禁忌、密室、紧锁的门、钥匙、死亡、惩罚的故事。据考证，《蓝胡子》的最早版本大约出现在中世纪晚期，来源于古希腊米诺斯❷的一个传奇故事（Minos-legend）。❸ 但这一故事最为读者所熟知、最经典的版本是法国佩罗童话《蓝胡子》。

佩罗童话《蓝胡子》❹一开头就用怪异的蓝胡子和紧闭的密室营造出紧张、悬疑的气氛。从前，有个富人，家产丰厚，住在堂皇的宅邸，在城里和乡间还有多座别墅，平时使用金银餐具，出行用镀金的马车。但是这个富人长着一把蓝胡子，面貌丑陋，女人们见了他都会吓得跑开。在蓝胡子的邻居中住着一位高贵的女士，她有两个美丽的女儿。蓝胡子前去求婚，表示娶其中任何一位都可以，可是两个女儿因他长相怪异都不愿意。尤为令人害怕的是，蓝胡子其实结过好几次婚，可是他的妻子最后都不知所踪。为了追求两位姑娘，蓝胡子把母女邀请到自己的乡间豪宅，让她们带着闺中密友，还邀来附近的年轻人一起聚会。她们在那里尽情狂欢

---

❶ Tolkien J. R. R. On Fairy-Stories [A] //The Tolkien Reader. New York: Ballantine, 1966: 32.

❷ 米诺斯（Minos）：希腊神话人物，宙斯与欧罗巴之子，克里特之王。米诺斯文明又被称作克里特文明。

❸ ANDERSON G. Old Tales for New: Finding the First Fairy Tales [A] // Eds. ANDERSON H. F., CHAUDHRI A. A Companion to the Fairy Tale. Cambridge: D. S. Brewer, 2003: 88.

❹ 佩罗童话《蓝胡子》引文出自夏尔·佩罗. 蓝胡子 [G] //鹅妈妈的故事. 张小言，译. 上海：上海译文出版社，2012：17-30.

了一个星期，简直乐不思蜀。小女儿渐渐地感到蓝胡子的胡子和面貌没有那么难以接受了，甚至开始觉得他是个有教养的绅士，就答应了这门婚事。新婚不久，蓝胡子要去外省处理重要的事情。临行前，他嘱咐妻子可以叫些女伴到家里一起玩，尽管招待。他把一大串钥匙交给妻子，告诉她可以打开宅邸里的任何一扇门，他又给她看了一把小钥匙，告诉她这钥匙是开走廊尽头的一个小房间用的。但这个小房间决不许她去，否则他就要动怒，后果不堪设想。妻子答应了蓝胡子。怪异的蓝胡子、失踪的妻子、禁止进入的密室，这些线索会把故事引向何处呢？

女伴们来到这座富丽堂皇的宅子。一个个的豪华房间，无数精美的家具看得这些太太、小姐们眼花缭乱。她们对蓝胡子的妻子羡慕不已。不过女主人对这些奢华的东西都不感兴趣。她迫不及待地想进到丈夫不让她进的那个房间去看个究竟。她也知道违背丈夫的意愿可能会吃苦头，但她实在难以按捺自己的好奇心。于是她用那把小钥匙打开了走廊尽头密室的门。一打开门，她就被眼前的景象惊呆了："房间里的窗户关着，所以刚进屋时她什么都看不见。过了一会儿，她渐渐看到地板上全是凝住的血，血泊中还有几具女尸的倒影，她们都被紧紧绑住拴在墙上"。❶ 这些女人就是蓝胡子以前的妻子，她们都被蓝胡子杀死了。妻子惊恐至极，不小心把小钥匙掉到了血泊之中，后来才发现"那把小钥匙上沾了血迹，她擦了两三遍还是擦不掉，用水洗也洗不掉，甚至用

---

❶ 夏尔·佩罗. 蓝胡子 [G] //鹅妈妈的故事. 张小言, 译. 上海：上海译文出版社，2012：24.

第五章 《蓝胡子》——血色密室里的焦虑与暴力

沙子和岩石磨也还是弄不干净。其实这把钥匙被施过魔法，血迹会永远留在上面，无论用什么办法都是没用的。血迹在这面被擦掉，就会在另一面又浮出来"。❶ 年轻的妻子终于满足了自己强烈的好奇心，但钥匙上的血迹则预示着可怕的事情即将发生。

果然当晚蓝胡子就回来了。第二天早晨他向妻子讨回钥匙，发现小钥匙上面沾有血迹，立即变了脸色，厉声喝问。当年轻的妻子回答不知道时，蓝胡子说，"我知道，我可都知道！你不就是想去那间小房间嘛！好吧，夫人，那你就进去吧，就在你见过的那几位边上找个自己的位置吧"。❷ 无论妻子如何哀求，蓝胡子也不为所动，一定要杀死她。妻子泪如雨下，哀告无果。于是她假借要做临终祷告，等待答应今天过来看她的哥哥们。拖了一段时间，哥哥们还没来，就在蓝胡子"用一只手抓起了她的头发，另一只手举起大刀要向她的脖子砍去"时，两位骑士冲了进来。他们是妻子的哥哥，一个是龙骑兵，一个是火枪手。他们用剑刺中了蓝胡子的身体，他当时就一命呜呼了。妻子得到了蓝胡子的全部财产。她把一部分财产分给了哥哥姐姐，其余的留给了自己，和一个善良的男人结了婚。❸ 蓝胡子的妻子虽然最终获救，但故事主要想要传达的是好奇心差点让这个姑娘送了命，这可谓是个血淋淋的教训。

---

❶ 夏尔·佩罗. 蓝胡子 [G] //鹅妈妈的故事. 张小言，译. 上海：上海译文出版社，2012：24.

❷ 同❶25.

❸ 同❶26-30.

祛魅——五个经典童话的后现代女性主义改写

格林童话中有一篇故事《菲切尔的怪鸟》，❶ 也包含了蓝胡子童话中的一些基本元素。"蓝胡子"在这个故事中是一位巫师。他经常扮作穷人走家串户地乞讨，借机抓走美丽的少女，这些女孩后来就都没有了踪影。有一次，巫师来到一户人家，这家有三个漂亮女儿。大女儿可怜这个叫花子，给了他一块面包，他碰了她一下，她就落进了他的篓子。巫师把女孩带到密林深处的家里。这里十分华丽，而且姑娘要什么他都给。有一天，巫师要去旅行，他把钥匙和一个蛋交给女孩保管，说："这是家里的钥匙，你可以到处走走、看看，只是别进用这把小钥匙开的那间小屋子去；我禁止你，不然我要你的命"。❷ 同样，这位姑娘也没有抵御住好奇心的诱惑，用钥匙打开了禁室之门。门一打开，她看到："一只血淋淋的大盆子摆在屋中央，盆里躺着些砍碎了的死人，旁边立着个木砧，砧上横着把亮闪闪的斧头。她吓得要命，拿在手里的蛋便卟嗵一声掉进了盆里。她把蛋捞出来，揩去上面的血，可是白费劲儿，血迹立刻又显现了出来。她揩呀，刮呀，可就是去不掉那血迹"。❸ 与佩罗童话中的情节稍有不同，在格林童话中染血的钥匙变成了染血的蛋。

巫师回来后让女孩交出钥匙和蛋。蛋上的血迹被发现了，巫师怒不可遏："你不听我的话，私自进了那间屋子，

---

❶ 《菲切尔的怪鸟》的故事及引文出自雅各布·格林，威廉·格林. 菲切尔的怪鸟［G］//格林童话全集. 杨武能，杨悦，译. 南京：译林出版社，1993：162-164.

❷ 同❶162.

❸ 同❶163.

第五章 《蓝胡子》——血色密室里的焦虑与暴力

现在我要你再进去,尽管你不乐意。你已活到头了!"❶ 接下来的场面非常恐怖,巫师用斧头砍掉了女孩的头,砍碎了她的尸体,血流了一地。之后,恶巫师把她扔进血盆,和其他死尸在一起。接着,巫师又乔装打扮把那家的二女儿也抓来。她也遭到了和姐姐同样的命运。但故事接下来的发展与佩罗童话不同。聪慧的三女儿改变了自己和姐姐们的命运。她拿到钥匙和蛋之后把它们收藏起来。她也参观了那间禁室,发现了姐姐们被肢解的尸体,她鼓足勇气把姐姐们的身体拼合起来,姐姐们复活了。巫师回来发现蛋上并未染血,欣喜地说:"你经住了考验,我要让你做我的新娘子"。❷现在他不再有摆布她的魔力,乖乖听她吩咐。

她假托让巫师给自己的父母背去一篓金子,实际上背篓里是两个姐姐,这样她们就被送回家了。她自己留在巫师家准备"婚礼"。她给密室里的一颗死人脑袋插上首饰,戴上花环,放到楼顶,看起来像新娘在向外张望。她剪开被子,裹住身子在蜜里打滚,直到变成一只怪鸟的样子。她离开了巫师的家,路上无论谁问她"怪鸟,怪鸟,你从哪儿来"?她都回答"我从巫师菲切尔的家里来"。❸ 巫师和他邀请的宾客回到家。得到姐姐报信前来营救三姑娘的兄弟和亲戚一起把大门紧紧关上,一把大火烧死了巫师和他的同伙。在格林童话中三女儿不但实现了自救,还救了两个姐姐,并联合哥哥和亲戚惩罚了邪恶残忍的巫师,这与佩罗童话中懦弱妻子

---

❶❷ 雅各布·格林,威廉·格林. 菲切尔的怪鸟 [G]//格林童话全集. 杨武能,杨悦,译. 南京:译林出版社,1993:163.

❸ 同❶164-165.

的形象大为不同。

蓝胡子的原型形象在文学作品中屡见不鲜，夏洛特·勃朗特（Charlotte Brontë）《简·爱》（Jane Eyre，1847）中的罗切斯特、约翰·福尔斯（John Fowels）《收藏家》（The Collector，1963）❶ 中的克莱格、拜厄特《巴别塔》（Babel Tower，1996）❷ 中奈吉尔等形象都可以说是蓝胡子形象的变体。蓝胡子母题也在诸多作品中出现，在萨克雷（William Makepeace Thackeray）《蓝胡子的幽灵》（Bluebeard's Ghost，1843）、杜穆里埃（Du Maurier）《吕蓓卡》（Rebecca，1938）、冯内古特（Kurt Vonnegut）《蓝胡子》（Bluebeard，1987）（主题是"二战"遗留的心理创伤）❸ 等作品中都可以看到经典童话《蓝胡子》的影子。巴塞尔姆的小说《蓝胡子》（Bluebeard）❹ 从蓝胡子妻子的视角展开叙述。"我对那扇门后面的东西一清二楚，根本就没兴趣去开门"。巴塞尔姆继续调侃虽然妻子一再宣称自己对那扇门没兴趣，蓝胡子还是没完没了地催促妻子打开那扇门。实际上，她完全可以毫无顾忌地去开门，因为她找人做了 14 把备用钥匙。巴塞尔姆的结尾：上锁的屋子里，七匹斑马挂在钩子上，已经开始腐烂，还穿着香奈儿的睡袍。这一叙事显然是对经典童话

---

❶ 福尔斯的小说《收藏家》见 FOWELS J. The Collector [M]. London: Jonathan Cape, 1963.

❷ 拜厄特的小说《巴别塔》见 BYATT A. S. Babel Tower [M]. London: Random, 1996.

❸ 冯内古特的小说《蓝胡子》见 VONNEGUT K. Bluebeard [M]. London: Random, 1987.

❹ 巴塞尔姆的短篇小说《蓝胡子》见 BARTHELME D. Bluebeard [M]. Forty Stories. London: Penguin, 1987: 82-87.

第五章 《蓝胡子》——血色密室里的焦虑与暴力

《蓝胡子》的刻意戏仿。

贝特尔海姆认为《蓝胡子》和《菲切尔的怪鸟》这些故事以最极端的方式表现了这一主题："作为一种信赖考验，女性绝不能探究男人的隐秘。然而在女性好奇心的驱使下，她还是贸然行动，结果造成不幸后果"。❶ 无论是《蓝胡子》中的丈夫，还是《菲切尔的怪鸟》中的巫师，都是在考验女性是否对自己唯命是从。❷他进一步分析认为《蓝胡子》是一个有关性诱惑的故事，❸ "那打开密室之门的钥匙使人联想到男性生殖器，特别在初次性交时处女膜破裂，鲜血沾在上面。如果这就是其中的隐含之义，那么擦洗不掉的血迹这一事实就合乎情理了；贞操的失去是不可避免的"。❹ 这个故事在无意识的层面上，通过钥匙擦不掉的血迹暗示蓝胡子的妻子与别人发生了关系，但同时这个故事也告诉人们"受到诱惑实属人之常情"，而"理解和原谅异性的失贞"是更富人性的道德。❺ 但贝特尔海姆也承认无论如何《蓝胡子》都是一个劝谕故事，告诫："女人啊，不要屈服于你们对性的好奇心；男人们，不要因为遭到性的背叛而怒不可遏，失去理智"。❻

---

❶❷ 布鲁诺·贝特尔海姆. 童话的魅力 [M]. 舒伟，丁素萍，樊高月，译. 北京：社会科学文献出版社，2015：460.
❸ 同❶462.
❹ 同❶461.
❺ 同❶463.
❻ 同❶464.

女性主义童话研究者认为《蓝胡子》中染血的钥匙是女性双重越轨的象征,越轨既是道德层面的也是性方面的。钥匙成为"对婚姻不忠的象征",标志着女主人公"无法挽回地失去了贞操"。这一故事还揭示出文化存在对于"好奇"的双重标准——"女性好奇是罪恶,而男性好奇则是美德",因为存在一种普遍的观念"处于从属地位的人应该学会驯服,如仆人、女人和孩子,否则好奇就会给他们惹来麻烦"。❶ 以性别划分的性道德的双重标准是女性主义批评家的主要关注点。也有批评家指出,"任何以女人为对象的连环杀手都有蓝胡子的影子"。❷ 也有研究者认为:"蓝胡子的残忍性表现为对女人象征性的消费,这和真的生吞活剥一个女人几乎一样危险"。❸ 经典童话《蓝胡子》的话语规训力量不仅受到女性主义批评家的重视,也促使诸多作家从女性主义的角度对这个故事进行改写。本章将从后现代女性主义视角重点分析阿特伍德的《蓝胡子的蛋》❹ 以及卡特的《血淋淋的密室》。

---

❶ TATAR M. Off Their Heads!: Fairy Tales and the Culture of Childhood [M]. New Jersey: Princeton UP, 1992: 111.

❷ SMITH P. K. The Postmodern Fairytale: Folklore Intertexts in Contemporary Fiction [M]. New York: Palgrave, 2007: 23.

❸ WARNER M. From the Beast to the Blonde: On Fairy Tales and Their Tellers [M]. London: Vintage, 1995: 259.

❹ 本书中关于《蓝胡子的蛋》的部分观点已发表,见穆杨. 解构与焦虑:评《蓝胡子的蛋》之双重叙事策略 [J]. 外语与外语教学, 2013 (6): 93-96.

第五章 《蓝胡子》——血色密室里的焦虑与暴力

第一节 暴力恫吓与英雄母亲

1977 年，英国当代女作家安吉拉·卡特把佩罗童话翻译成英语。她在翻译的过程中不断思考，对其中的男性中心主义视角颇为不满，终于在 1979 年出版了改写童话故事集《血淋淋的密室》(*The Bloody Chamber*)。这本童话集在读者和批评界引起了强烈反响，其标题故事《血淋淋的密室》❶正是对佩罗童话《蓝胡子》的改写。

佩罗在故事的结尾提出两条训诫。第一条："好奇心是一种迷人的激情，满足它却要付出一千个遗憾的代价。每天都会看到一千个这样悲伤的例子。好奇心是最短暂的快乐；好奇心一旦满足就不复存在，但它真的非常非常昂贵"。❷ 第二条训诫："这个故事就发生在很久以前，现在没有哪个丈夫胆敢犯下如此罪行……不管他的胡须是什么颜色，大家都明白男人和女人到底谁在家里做主"。❸简而言之，两条训诫分别是好奇心会招致惩罚；在男性和女性的关系中男性占主导地位。

---

❶ 卡特的短篇小说《血淋淋的密室》故事及引文出自 CARTER A. The Bloody Chamber [G] //The Bloody Chamber (1979). London：Vintage Books, 1995：7-41. 引文为笔者自译，不再另注。

❷❸ 夏尔·佩罗. 蓝胡子 [G] //鹅妈妈的故事. 张小言，译. 上海：上海译文出版社, 2012：41.

祛魅——五个经典童话的后现代女性主义改写

卡特对《蓝胡子》的改写，从女性主义的角度重新审视了故事中的关键因素，如女性欲望、叛逆不驯和惩罚等。卡瑟琳·曼利（Kathleen Manley）认为，在卡特的故事里年轻新娘对上锁房间的好奇正是她对自身欲望好奇的隐喻，而她从密室获得的知识就是关于自己的知识。在小说结尾，女性的好奇心并未受到惩罚反而受到奖赏，这样的改写意味着作者对女主人公探究自我持支持态度。然而，曼利也注意到主体性的建立并非一蹴而就，而是经历了"获得，失去，然后再获得"的过程。❶

笔者将把关注点从上述女性的"叛逆不驯"转向男性的"惩罚"，提出卡特的改写旨在揭示经典童话中男性把对女性实施暴力作为使其顺从的手段，并通过塑造救援者母亲的形象探讨女性摆脱暴力胁迫、获得主体性的可能性。佩罗的故事用谋杀来惩罚不听话的女性。在卡特的故事中谋杀升级为虐杀。狮头侯爵既是经典童话中的蓝胡子，也是历史上臭名昭著的因性虐杀而闻名的法国萨德（Sade）侯爵。

新娘在城堡地下室发现了一个行刑室，侯爵的三位妻子：一位罗马尼亚伯爵夫人、一位酒吧女招待兼人体模特、一位歌剧演员都死在那里。事实上，他的最后一位妻子三个月前死于一次沉船意外事故，此情节又与杜穆里埃的《吕蓓

---

❶ MANLEY K. E. B. The Woman in Process in Angela Carter's "the Bloody Chamber" ［A］//Eds. ROEMER D. M.，BACCHILEGA C. Angela Carter and the Fairy Tales. Detroit：Wayne State UP，2001：85-88.

第五章 《蓝胡子》——血色密室里的焦虑与暴力

卡》形成互文关系。❶野兽丈夫发现他的新婚妻子也违背了自己的命令,知道了密室的秘密,决定杀了她。在千钧一发之际,新娘的母亲骑马赶来,对着野兽丈夫的头就是一枪,将其打死。后来,女孩和一个善良的盲人钢琴调音师结为伴侣,他们和女孩的母亲一起平静地生活在城堡里。这位母亲并不寻常,在小说的开头,女主人公就称她的母亲"具有鹰的特点、不可战胜",并提到母亲在少女时代就"打败了一伙东方海盗,在瘟疫期间为整个村子提供救助,亲手开枪打死了一只吃人的老虎"。❷

一些批评家指出救援者从兄弟转变为母亲,塑造了独立、意志坚强、有行动力的女性形象,与由于好奇招致被动惩罚的少女形象形成鲜明对照,起到了平衡作用。❸另一些批评家则讨论了侯爵的变态和谋杀行为的含义,认为卡特笔下的侯爵有各种各样的变态行为,恋物癖、受虐狂、虐待狂

---

❶ 《血淋淋的密室》中沉船意外这一情节是对达芙妮·杜穆里埃的哥特小说《吕蓓卡》中吕蓓卡死于沉船意外桥段的戏仿。参见 DU MAURIER D. Rebecca [M]. London: Virago Press, 2004. 在小说《蝴蝶梦》中,女主人公跟随丈夫来到曼德莉庄园,发现这座宅邸被丈夫死去的妻子吕蓓卡的幽灵所笼罩。据说吕蓓卡死于沉船事故,后来发现船底被凿了一个洞。这一事故非常蹊跷,女主人公慢慢开始怀疑是丈夫得知吕蓓卡因通奸怀孕后出于报复谋杀了她。然而,出乎意料的是吕蓓卡死于癌症,并且她根本没有生育能力。原来吕蓓卡故布迷局对丈夫进行陷害,才使他显得疑点重重。《蝴蝶梦》虽然是一个虚假的杀妻故事,但其悬疑的制造全赖杀妻想象。从《蓝胡子》到《吕蓓卡》再到《血淋淋的密室》,呈现出文学中一贯存在的"杀妻"传统。

❷ CARTER A. The Bloody Chamber [G] //The Bloody Chamber (1979). London: Vintage Books, 1995: 7.

❸ KAISER M. Fairy Tale as Sexual Allegory: Intertextuality in Angela Carter's *The Bloody Chamber* [J]. Review of Contemporary Fiction, 1994, 14 (3): 30-36.

和窥视癖等。惩罚妻子的好奇心实际上是惩罚侯爵性好奇心的变形和代替。❶

笔者认为卡特重写"蓝胡子"的女权主义意义不仅在于英雄母亲的表现,还在于对血淋淋的拷问室中的虐待场景的刻画。通过揭露和强调男性对女性身体的暴力,卡特揭示出虐待实际上是佩罗故事的潜台词,而虐待的极端形式——虐待杀人行为,是一种否定女性自主性的暴力手段。有批评家指出暴力能够得到"社会和物质奖励",包括"社会控制、规范认可和管理(男性)身份"。❷从广义上讲,激进女权主义者认为男性暴力是一种机制,通过这种机制,男性作为一个群体或个体,能够控制女性并保持男性的霸权地位。对女性身体的性暴力批判也是卡特在其文集《萨德式女人》中要完成的主要任务之一:

> 暴力一直是机构展示其优越性的重要方法。此种训诫非常残忍……带有色情意味的鞭笞、殴打、戳扎、刺杀,唤起了对女性创伤的社会虚构性回忆,她因阉割而造成的伤疤再次流血。这是一种心理小说,它深深地渗透在西方文化的中心,就像俄狄浦斯神话一样。女性阉割是一个虚构的事实,弥漫着男性对女性的态度和对自己的态度,将女性从人类变成受伤的生物,仿佛她生来

---

❶ MCLAUGHLIN B. Perverse Pleasure and Fetishized text: the Deathly Erotics of Carter's "The Bloody Chamber" [J]. Style, 1995, 29 (3): 404-423.

❷ MAYNARD M., WINN J. Women, Violence and Male Power [A] // Eds. ROBINSON V., RICHARDSON D. Introducing Women's Studies. Houndmills, London: Macmillan, 1997: 177.

第五章 《蓝胡子》——血色密室里的焦虑与暴力

就是该流血的。❶

卡特在改写中以文学的形式展现了针对女性的令人发指的暴力。血淋淋的密室是一个折磨和谋杀女性的博物馆。蓝胡子就像他的历史先驱萨德侯爵一样热衷于制造剧场效果。侯爵送给他年轻妻子的礼物是一条"红宝石短项链,两英寸宽,看上去像一个非常罕见的割喉伤",也"像一条红色的丝带,像一个旧伤口","她脖子上闪闪发光的深红色宝石,鲜亮得像殷红的动脉血"。❷ 密室内的场景更恐怖得令人窒息:在一张大床上躺着一个被扼杀的歌剧演员的尸体,"在她的脖子上可以看到扼杀者蓝色的指印"。❸ 挂在空中的是酒吧女招待的头骨。在棺材的血池里躺着的是罗马伯爵夫人的尸体,"刺穿她的不是一个而是一百个长钉子"。❹ 和萨德一样,侯爵也是创作暴力场面的"大师"。这些揭幕式的改写目的是暴露虐杀是让女性主体屈服的重要手段。正如侯爵本人最喜欢的诗人所写的那样:"爱的行为与行刑者的管教行为有着惊人的相似之处"。❺ 但是,卡特文本提出了如下问题:酷刑是爱的行为还是恐怖主义行为?施虐受虐游戏是双向的吗?女性是自愿的还是被迫的?显然,当虐待演变成谋杀,受害者总是女性,残酷的游戏已成为两性之间权力关系

---

❶ CARTER A. The Sadeian Woman: An Exercise in Cultural History (1979) [M]. London: Virago Press, 2000: 23.

❷ CARTER A. The Bloody Chamber [G] //The Bloody Chamber (1979). London: Vintage Books, 1995: 11.

❸ 同❷28.

❹ 同❷29.

❺ 同❷27.

的晴雨表。虐待已经成为一种通过迫害其身体对女性主体施以的恐吓行为。

福柯在《规训与惩罚》中描写了著名的行刑示众场景，从中可以看出君主的权力铭刻在罪犯身上，一切惩罚都在权力的掌控之中，场面触目惊心，观刑者众多。❶ 确实，对肉体行刑是支配群体、控制大众，使之威服的一种方式。而卡特的改写揭示的正是经典童话《蓝胡子》文本的恐怖性，其目的是在女性读者面前展示血腥的行刑场面，恫吓女性使其成为顺从的主体。福柯认为，虐待狂（sadism）不是性变态，而是一种文化事实；"是对无限的食欲推定"的意识。❷ 斯拉沃热·齐泽克（Slavoj Žižek）指出，通常虐待狂被置于绝对主体的地位，推崇的是享受而不受拘束的权力，为满足他自己的意愿，把另一个人的身体简化为一个工具。❸ 卡特在《萨德式的女人》和几篇关于日本的论文中都痛心疾首地提到女性被工具化的问题。文化中充斥着针对女性的暴力，而在日本针对女性的暴力被推向极致。卡特发现在日本大多数射击画廊都被废弃了，仅存一家，以裸体美女瓷雕为靶子，当射中了裸体的维纳斯，男人们就大笑叫喊换取毛绒玩具。卡特注意到在日本："一般来说，女性要么选择成为奴隶要

---

❶ DREYFUS H L., RABINOW P. Michel Foucault: Beyond Structuralism and Hermeneutics [M]. Chicago: Chicago UP, 1983: 112.
❷ CARTER A. The Sadeian Woman: An Exercise in Cultural History (1979) [M]. London: Virago Press, 2000: 32.
❸ ŽIŽEK S. Looking Awry: An Introduction to Jacques Lacan through Popular Culture [M]. Cambridge: M.I.T., 1991: 108-109.

第五章 《蓝胡子》——血色密室里的焦虑与暴力

么选择成为玩具"。❶ 卡特还发现,迫害少女主题是日本漫画中最受欢迎的主题之一。"娃娃脸的女主人公是典型的受虐对象,她存在就是为了受罪遭辱……一个日本女人的眼里流出了眼泪,她肿胀的嘴唇永远是一个悲哀的圆,直到不可避免的结局到来,她被剑刺中……无论女人走哪条路,她们都要通过碾压机"。❷

卡特基于她对女性身体遭受暴力行为的观察得出结论:"性,简而言之,从来不是通过真空表达的";"暴力是主动的男性原则的强制形式,是一个男性概念。他们的性别赋予他们彰显主宰地位而对女性施加痛苦的权利"。❸ 因此,《血淋淋的密室》主人公是女性,这一点并非偶然。卡特的改写成功地揭开了佩罗文本中隐藏的"迫害少女"主题。

波伏娃提出女性之所以甘愿受虐,是因为受虐承诺她至高无上的征服。"圣布兰丁那白色的身躯被置于狮爪之下,白雪公主躺在水晶棺里仿佛死去,昏厥过去的阿特拉,漂亮的女主人公浑身瘀青,被动、受伤、下跪、受辱,向后来的姐妹展示迷人的殉道式的、遗世独立之美"。❹ 受虐是女人的本性吗?女性天生就该遭受痛苦吗?女性天生就倾向于忍受身体上的暴力和伤害吗?正如福柯所说,规训技术逐渐形成

---

❶ CARTER A. Poor Butterfly (1972) [A] //Nothing Scared. London: Virago Press, 1987: 44-45.

❷ CARTER A. Once More into the Mangle(1971) [A] //New Society. London: Virago Press, 1987: 42.

❸ CARTER A. The Sadeian Woman: An Exercise in Cultural History (1979) [M]. London: Virago Press, 2000: 11, 22.

❹ BEAUVOIR S. D. The Second Sex [M]. Trans. and Ed. PARSHLEY H. M. London: Jonathan Cape, 1972: 295.

一种"纯粹的外部习惯",它很快转化为"第二天性"。❶ 卡特通过改写《蓝胡子》的故事,揭示的正是文化中一直存在的男性的虐待主义和恐怖主义。文化中针对女性的暴力迫使女性陷入受虐状态,而这种心理状态剥夺了她们的主体性。

第二节 "爱德华熊"的心之密室

加拿大当代小说家玛格丽特·阿特伍德(Margaret Atwood,1939~)在其诗歌《真实的故事》中写道:"真实的故事是邪恶的、多重的和不真实的,"❷ 而其短篇小说《蓝胡子的蛋》(*Bluebeard's Egg*,1983)❸ 正是这种创作理念的典型体现,同时也是对佩罗童话《蓝胡子》、格林童话《菲切尔的怪鸟》,甚至是对《简·爱》等文本的多重戏仿。

一直以来批评界对阿特伍德关注的焦点多集中于她独特的女性视野,认为她的小说"始终以一个女性的敏锐洞察力探讨着被历史和性别双重殖民化的加拿大女性在现代物质化

---

❶ FOUCAULT M. Discipline and Punish: the Birth of the Prison [M]. Trans SHERIDAN A. New York: Vintage Books, 1979: 240.

❷ ATWOOD M. True Stories [G] //Eating Fire: Selected Poetry, 1965-1995. London: Virago, 1998: 244.

❸ 阿特伍德的短篇小说《蓝胡子的蛋》故事及引文出自 ATWOOD M. Bluebeard's Egg [G] //Ed. TATAR M. The Classic Fairy Tale: Texts Criticism. New York, London: W. W. Norton & Company, 1999: 156-178. 引文为笔者自译,不再另注。

第五章 《蓝胡子》——血色密室里的焦虑与暴力

的消费社会里承受的种种精神压力"。❶ 因此,《蓝胡子的蛋》也被习惯性地解读为阿特伍德女性主义立场的又一次体现。批评家认为这个故事展现的是女性"在婚恋中的挫败感""两性之间的沟通不足"以及"第三任妻子对失去丈夫之爱的内心恐惧",❷ 批评这篇小说"把情节限定为一个女人的生存意义就是寻求被男人认可为'真正的新娘'",❸ 把故事的启示归纳为"爱情使女性在情感上依赖男性,内心受到操控,因此陷入危险境地"。❹ 然而,这些评论都没有回答这个故事在什么意义上来说是"多重的和不真实的"。

《蓝胡子的蛋》因为篇名首先使人想到的前文本就是佩罗童话《蓝胡子》。蓝胡子在小说中指涉的人物是爱德华,女主人公赛莉的丈夫,一个心脏外科医生。两文本之间的微妙相似和明显差异却产生了互文意义上的未决。连环杀妻的蓝胡子通常被归入童话中"野兽丈夫"的行列。丑陋的蓝色胡子是他邪恶兽性的象征。而爱德华长着金色的卷发,外表憨厚迷人,被赛莉称为笨拙可爱的"爱德华熊"(小熊维尼的正式名字)。❺ 像蓝胡子一样,爱德华也有过其他妻子,他

---

❶ LINDA H. Canadian Postmodernism: A Study of Contemporary English—Canadian Fiction [M]. Oxford: Oxford UP, 1988: 107.
❷ KNAPP M. A Review of Bluebeard's Egg and Other Stories [J]. World Literature Today, 1987 (4): 629.
❸ BACCHILEGA C. Fairy Tales: Gender and Narrative Strategies [M]. Philadelphia: University of Pennsylvania Press, 1997: 114.
❹ PETERSON N. J. "Bluebeard's Egg": Not Entirely a "Grimm" Tale [A] //MENDEZ-EGLE B., HAULE J. M. Margaret Atwood: Reflection and Reality. Edinburg: Pan American, 1987: 1-15.
❺ ATWOOD M. Bluebeard's Egg [G] //Ed. TATAR M. The Classic Fairy Tale: Texts Criticism. New York, London: W. W. Norton & Company, 1999: 157.

离过两次婚，但很明显他的前妻都还健在，只是人过中年而已。如果说爱德华是蓝胡子，他在什么意义上"杀死"了前妻们？又对现任妻子构成怎样的威胁呢？这样的互文阅读留下了令人焦虑的意义空间。

童话《蓝胡子》中的一个重要意象是密室，是蓝胡子藏匿罪恶之所，也是女主人公隐秘欲望的象征（密室之门即是女性欲望的禁忌之门，任欲望驱使将受到死亡的惩罚）。读者在进入《蓝胡子的蛋》这一文本迷宫时就被迫踏上了寻找"密室"之旅。一个可能的密室隐喻是爱德华工作的心电图室。在赛莉看来"整间屋子不知怎的令她感觉带有某种性的意味；她很清楚地感觉到这是个危险的地方。就像是一个专为女性服务的按摩沙龙"。❶ 正当读者觉得找到了"密室"时，阿特伍德笔锋一转又写道："要是爱德华更愿意尝试新花样，或对不同女人感兴趣的话，那他就不会是现在这个样子，他应该更狡猾、更阴险、更注意风吹草动，更难对付才是"。❷那么，心电图室是不是"密室"呢？如果爱德华与其他女性有染只是赛莉模棱两可的猜疑的话，那么心电图室能不能作为罪恶密室的象征就只能悬置。

"密室"的另一个可能所指就是爱德华的内心。赛莉觉得"她对爱德的认识只能停留在表面，而没法进入他表面之下的内心……爱德的内心世界是一座森林，又仿佛是不设栅栏的深谷，随时会让人坠入其最深处"。❸ 心的意象符合密室

---

❶❷ ATWOOD M. Bluebeard's Egg ［G］//Ed. TATAR M. The Classic Fairy Tale: Texts Criticism. New York, London: W. W. Norton & Company, 1999: 166.
❸ 同❶: 169.

第五章 《蓝胡子》——血色密室里的焦虑与暴力

的特点，是隐秘的禁区，不慎进入会招来致命危险。爱德华是否从未对他的妻子们敞开过心扉？他的内心是否就是他前妻的受难之地？他的内心是不是现任妻子赛莉既想探究又深感恐惧的地方？而每一次离婚是否都是对一位女性的精神谋杀？如果爱德华是否真的对婚姻不忠不能确定的话，那么他的心能否作为密室的象征也难以确定。

《蓝胡子的蛋》的切入点是赛莉对于婚姻的焦虑。她的丈夫是不是"蓝胡子"？这一点是外层故事意义的关键，但这种焦虑是基于事实还是妄想一直处于未决状态。比如爱德华是单纯愚笨还是精明虚伪？爱德华前两次婚姻失败是否是他的不忠导致的？爱德华与赛莉的女友玛丽莲是否有暧昧关系？如果任何一个问题可以得到确切答案都会成为确定焦虑或解除焦虑的依据，然而没有一个问题的答案是明确的，每个问题作为意义链的一环都不能确定，导致了意义的延宕。

爱德华表现出的愚笨是天真自然的还是虚伪矫饰的？"心情好的时候，她把他的愚笨看作一种天真，像羊羔一样，在点缀着雏菊的洒满光辉的草地上熠熠发光……心情坏的时候，她认为他的愚钝是故意为之，固执地决心把其他事情排斥在外。他的迟钝是一堵墙，把自己关在墙里哼哼着小曲儿干自己喜欢的事，而赛莉则被关在墙外"。❶

爱德华前两次离婚的原因是什么？爱德华不知道他的那两次婚姻出了什么问题，到底是怎么回事。他声称对婚姻的解体茫然无知，也拒绝讨论其中的原委……这使她感到焦

---

❶ ATWOOD M. Bluebeard's Egg [G] //Ed. TATAR M. The Classic Fairy Tale: Texts Criticism. New York, London: W. W. Norton & Company, 1999: 157-158.

虑:"如果他不清楚和此前两位之间发生了什么,那么同样的事情很可能也会发生在她的身上"。❶

爱德华和玛丽莲之间到底有无暧昧?可能有也可能没有。玛丽莲是室内装潢设计师,赛莉的朋友。在一次家庭晚宴后,赛莉拜托玛丽莲给爱德华讲解她们新购置的古董书桌的美学价值,其后赛莉看到爱德华似乎在与玛丽莲调情,"现在她真的不知道她是否真的看到了她以为自己看到的事情。即使看到的是真的,又能说明什么呢?也许就是爱德华微醺后把手放在了离他最近的屁股上,而玛丽莲出于良好的教养没有大喊大叫……也许他们早已相识,而赛莉看错了爱德华,他也许不但不笨甚至很狡猾"。❷ 至此,爱德华是不是蓝胡子(一个由于不忠而接连精神杀妻的人)?相关问题的答案总是模棱两可,悬而未决。由于没有确定答案,叙事者、人物和读者的焦虑只能继续。回顾小说的篇名《蓝胡子的蛋》,读者发现爱德华是不是"蓝胡子"都不能确定。

第三节 关于写蓝胡子的故事的故事

《蓝胡子的蛋》是一个嵌套式的故事,内外层故事在一个文本空间内重合分叉,形成叠加分层的复杂结构。外层故

---

❶ ATWOOD M. Bluebeard's Egg [G] //Ed. TATAR M. The Classic Fairy Tale: Texts Criticism. New York, London: W. W. Norton & Company, 1999: 158.

❷ 同❶177.

第五章 《蓝胡子》——血色密室里的焦虑与暴力

事采用固定型内聚焦或固定型人物限知视角,讲述了女主人公赛莉对婚姻的焦虑。这样的视角使读者得以窥视赛莉的内心,认同她的叙述,和她一样无法判断她的婚姻问题是真实存在还是偏执幻想。叙事视角的选择为焦虑的主题提供了便利,为意义的延宕提供了条件。

内层故事是赛莉根据格林童话创作一个新故事的运思过程。这时,外层故事中的人物赛莉已经变身为内层故事的叙述者,内外两层故事由赛莉的一次夜校写作作业连接。"叙事小说的形式"这门课要求学生改写格林童话《菲切尔的怪鸟》,新故事既要以童话为蓝本,还务必创新,只能以原故事中的一个人或物为叙述者,且不能用全知视角讲述。内层故事成为典型的元叙事:关于叙事的叙事。这个内层故事把故事虚构的过程呈现给读者,揭示故事只是语言的编织物,可以根据不同目的任意改造,并没有什么所谓的终极意义。

在内层故事的构思过程中,赛莉不断进行爱丽丝漫游仙境式的自省,对现实中的自我和婚姻进行剖析。"她还特别想把自己投射到聪明的女主人公身上",❶ 虽然最后这个"落入俗套"的设计被放弃,但实际上,构思内层故事的过程充满了对外层故事中人物和情节的投射。由于内层故事是外层故事的隐喻,内层故事的元叙事性质弥漫到了外层故事,拆解了外层故事的叙事单线,使整个故事都处于开放状态。更有甚者,这种对故事叙述性的前台化还使得读者注意到童话前文本的虚构性和隐藏的讲述动机。像多米诺骨牌,叙事的

---

❶ ATWOOD M. Bluebeard's Egg [G] //Ed. TATAR M. The Classic Fairy Tale: Texts Criticism. New York, London: W. W. Norton & Company, 1999: 173.

稳固结构和确定意义被接二连三地推翻,并与焦虑的主题相呼应。

　　此外,赛莉选择叙事视角的过程充满了力图摆脱前文本影响的焦虑,她不断思索如何才能赋予经典童话前文本新的意义、如何合情合理地把生活与艺术、现实与虚构相联系,同时又能创造出文学的"陌生化"。内层故事的叙事角度和意象设置也被不断地推翻。赛莉在构思故事时首先想到的是密室。"在她的当代现实版本中,把什么放在密室里好呢?当然不是被肢解的女人。那样有点太离谱太不真实了……她想那个好奇的女人打开门后却发现里面空空如也,这可是个不错的主意。但这就很难解释巫师为什么要搞一个里面什么也没藏的禁室呢"?❶ 密室作为中心意象被推翻,但不可否认的是推翻和否定本身就已经包含建立和肯定,这样的构思过程成功地向读者展现了文本发展的多重可能性,使文本处于对话和开放状态。

　　实际上,以上种种单线条的解读落入了逻各斯中心主义的窠臼,为寻求单一的中心意义而忽视了文本的双重叙事及意义延异,从而低估了这篇小说在主题和叙事上的探索价值。其实阿特伍德不仅以女性视角著称,她的后期作品更是在向着后结构主义和新历史主义的方向转变,她的创作被认为"标志着加拿大后现代文学的主要进程"。❷ 细读之下可以发现,《蓝胡子的蛋》虽以女性问题为切入点,但形式和主

---

❶ ATWOOD M. Bluebeard's Egg [G] //Ed. TATAR M. The Classic Fairy Tale: Texts Criticism. New York, London: W. W. Norton & Company, 1999: 173.

❷ HUTCHEON L. Canadian Postmodernism: A Study of Contemporary English—Canadian Fiction [M]. Oxford: Oxford UP, 1988: 107.

第五章 《蓝胡子》——血色密室里的焦虑与暴力

题都呈开放状态,并非典型的女性主义文本。这篇小说与其说旨在构建某种确定的女性主义价值观,不如说在力图编织以不确定为特征的文本意义的谜团,这使得该小说超越了女性问题而上升到了文本问题。

从"确定"到"不确定"正是当代英美小说创作的新范式。叙事不再被视为因果相连的一串事件,叙事线条总会出现各种离体或偏离,如"行动的曲线""断裂或垂下的线条""不能立即辨清的图案""离题""插入""迂回"等。❶实际上,解构不仅是一种阅读策略,也是一种写作策略。这种早就潜伏在经典叙事中的解构力量,在当代小说中被前台化,故意利用,甚至可以说成为写作的终极目的。这种范式下具体的叙事样式既有博尔赫斯式"小径分岔的花园",也有约翰·福尔斯式打散了"叙事之结"的多重结局,还有巴塞尔姆插科打诨式的元小说等。

阿特伍德在《蓝胡子的蛋》中体现的解构特色则是双重叙事,即文本中出现多个二元对立项,而每对二元对立项之间的界限被刻意模糊,意义不再是非此即彼,而是亦此亦彼,处于开放悬置状态。"线条的双重性仿佛是致命的。一根生命线,一旦双重起来,就成了死亡线。在这里,两个单一,两条有限的生命线便构成毫无理性的死亡,人们既想得到它又对它感到恐惧"。❷直奔"终极意义"的武断读者只能对另一种可能性视而不见,而更为谨慎的读者则会发现自

---

❶ 希利斯·米勒. 解读叙事 [M]. 申丹, 译. 北京: 北京大学出版社, 2002: 46.

❷ 同❶47-48.

己一直处于意义的模棱两可之中,对终极意义的寻找陷入僵局,意义处于永远的"延异"状态。这种双重叙事是对逻各斯中心的刻意偏离,它体现为形式上的解构和主题上的焦虑,两者相辅相成,贯穿全篇。焦虑这一主题在解构这一形式中撒盐于水,化于无形。小说中的焦虑是多重交织的,既包括主人公赛莉对婚姻的焦虑,也包括作者改写时深受前文本影响的焦虑,还包括读者求确定意义而不得的解读焦虑。值得注意的是,阿特伍德不是被迫陷入这种焦虑,而是主动展现这种原本就存在于生活、创作及阅读中被假定的确定性掩饰和遮蔽的由不确定引发的焦虑。而文本的叙事目的也不是化解或宣泄焦虑,而是展现焦虑的必然性和复杂性。在这篇小说中承载焦虑的解构性叙事主要包括三个方面:多重文本间的互涉、传统叙事结构的消解以及文本意义的延异。

克里斯蒂娃认为:"任何文本都是由引语的镶嵌品构成的,任何文本都是对另一文本的吸收和改编"。❶ 因此,任何作家的写作都必然指涉前文本,都是对前文本的模仿、改写和变形。这种论断确实带有某种洞见性,但也有一定的局限性,它过分强调文本关系抽象的同一性,从而弱化了分析具体前文本的必要性。实际上,当代小说家中的很大一部分专注于前文本的前台化,他们明确地运用相同或近似的题目、人物和情节等引导读者在文本间进行阅读。刻意的文本互涉成为后现代小说叙事的重要技巧。

在《蓝胡子的蛋》中,阿特伍德借一位烹饪指导老师之

---

❶ KRISTEVA J. Wood, Dialogue and Novel [A] //Ed. MOI T. The Kristeva Reader. Oxford: Blackwell, 1986: 3.

口说出:"引用一位大厨的话。鸡只是作画的帆布而已"。❶文本也正是小说家作画的帆布,而阿特伍德在这个文本帆布上作画的方式是复写,或者是说把原已存在的几幅画描摹复刻到同一帆布上,再意味深长地添上几笔,隐约把这些画连缀到一起,使意义弥散开去。这种方法使文本始终处于与其他文本的对话状态,从而使文本意义带有不可避免的多重性、复杂性和不确定性,并由此形成一种互文的焦虑。在《蓝胡子的蛋》这幅画上最明显的影子就是《蓝胡子》《菲切尔的怪鸟》和《简·爱》。而多重文本的叠加使得叙事线条上任何清晰可辨的单一理性意义都会持续不断地被悬置。

《蓝胡子的蛋》与《简·爱》也存在文本互涉关系,《简·爱》在一些批评家看来就是蓝胡子母题的变体。❷ 如果爱德华是罗切斯特式的蓝胡子的话,那么赛莉对他的怀疑可能都是子虚乌有,前两次离婚主要责任可能不在爱德华,而在他的前妻们。另外,两个文本更直接的联系是伯莎(Bertha)这个名字。在前文本中伯莎·梅森(Bertha Mason)是罗切斯特的妻子,著名的"阁楼中的疯女人",而在改写文本中则是赛莉夜校"叙事小说的形式"这门课的老师。此处歧义又一次出现,伯莎与爱德华素昧平生,为何与前文本中"妻子"的角色同名?一种可能是,作者影射了另一文著名文本,简·里斯(Jean Rhys)的小说

---

❶ ATWOOD M. Bluebeard's Egg [G] //Ed. TATAR M. The Classic Fairy Tale: Texts Criticism. New York, London: W. W. Norton & Company, 1999: 163.

❷ SHOWALTER E. A Literature of Their Own: British Women Novelists from Bronte to Lessing [M]. Beijing: Foreign Language Teaching and Research Press and Princeton UP, 2004: 122.

祛魅——五个经典童话的后现代女性主义改写

《藻海无边》(*Wide Sargasso Sea*, 1966),❶ 一个从伯莎的视角重述的《简·爱》故事。小说很可能通过戏仿叙事者,让伯莎成为叙事课老师,引导赛莉借经典文本讲述自己的故事。另外一种可能是,《简·爱》中的伯莎因克里奥尔人(白人与当地土著混血)身份从种族角度被边缘化,而这篇小说中的伯莎由于容貌欠佳又不修边幅,从性别角度被边缘化。从这一点看,她们确有被主流价值观"殖民化"的共性。但以上两种可能都难以确定,这使得伯莎的互文意义处于令人焦虑的含混状态。

《蓝胡子的蛋》运用文本叠加的策略使读者仿佛走进了一个意义的迷宫。在这里改写文本不仅分别与前文本发生关系,诸多前文本之间也有千丝万缕的联系。在两两相较中,文本之间的关联悬而未决,引发文本意义的不确定和文本互涉阅读的焦虑。

除文本间的互涉策略外,小说还运用嵌套式叙事及元叙事等文本内解构策略突显焦虑的主题。从叙事层面来说,话语层与故事层、聚焦者与聚焦对象、现实生活与文学虚构这些二元对立项之间的区别被模糊,疆界被打破。传统小说的封闭式结局缺失,既定的边界消失,意义中心缺省,叙事结构被消解。这些都展现了叙事永远没有终结,而是一直处于过程之中的解构主义理念。

---

❶ 简·里斯的小说《藻海无边》见 RHYS J. Wide Sargasso Sea [M]. New York: W. W. W. Norton, 1999.

第五章 《蓝胡子》——血色密室里的焦虑与暴力

第四节 "蛋"的意象与意义延异

这篇小说的另一个前文本是格林童话《菲切尔的怪鸟》，这个童话被完整地记录在小说之中，成为作者刻意让读者参考的前文本。在这个故事中，蓝胡子被巫师的形象代替。关于丈夫和巫师的联系，赛莉在构思中提到："爱德华不会是这个巫师，他根本不够邪恶……换了爱德华的话，房间的门压根就不会锁，那故事也就不存在了"。❶ 但实际上，上述否定建立在肯定两者共性的基础上，反讽的手法产生模棱两可的效果，使意义再次悬置。另外，《蓝胡子的蛋》中的"蛋"显然就是阿特伍德对《菲切尔的怪鸟》中蛋的意象之戏仿。这一点关乎该小说终极意义的悬置，因此还要在下文详加讨论。

叙事视角的选择是内层元叙事中的重点，最后赛莉决定把"蛋"作为整个故事的中心意象和叙事视角。

> 四年前她在夜校上过一门比较民间文化的课，她记得蛋可以作为繁殖力的象征，或是非洲咒语中不可或缺之物，或是能孵出整个世界。也许在她的故事里，蛋可以象征贞操，这就揭示了巫师为什么要求蛋务必不能沾

---

❶ ATWOOD M. Bluebeard's Egg［G］//Ed. TATAR M. The Classic Fairy Tale: Texts Criticism. New York, London: W. W. Norton & Company, 1999: 173.

血。蛋沾染了血迹，女人就得被杀，而如果蛋干干净净的话，她就可以嫁人。但这个写法也行不通。观念太老套了。赛莉怎么也想不出怎么把这个故事置换到现实生活之中，还不显得荒谬。❶

这段关于蛋的意象的思考实际上起到了向读者揭示蛋的象征意义的作用，引导其加深对此意象的认识，从而为改写这一意象的象征意义做好铺垫。从叙事角度来说，把文学评论运用在小说中，模糊了评论和小说的界限，又一次瓦解了传统的小说叙事模式。

然而，"蛋"作为叙事视角的写作计划最终也被悬置。"从蛋的视角讲述这个故事……没人会想到蛋这个视角的。无辜被动的蛋成为所有倒霉事情的原因，它的感觉会怎样呢？……但故事怎么能从一个封闭没有意识的蛋的视角讲呢？赛莉沉思着……"❷ 故事的构思被玛丽莲的到访打断，直到结尾才又一次出现赛莉对蛋的意象的思考，但"蛋"作为叙事视角是否可行再也没有交代。由于缺乏合理的叙事视角，赛莉的故事可以说从未真正开始，但她确实又已经讲述了很多。关于内层故事的若干个构想被一一讨论，但没有哪个获得中心的位置，内层故事甚至是不了了之的。因为内外层故事在结尾时通过"蛋"的意象重叠在一起，合二为一，外层故事的传统结构也随内层故事的瓦解而被消解。

---

❶ ATWOOD M. Bluebeard's Egg [G] //Ed. TATAR M. The Classic Fairy Tale：Texts Criticism. New York，London：W. W. Norton & Company，1999：173.

❷ 同❶174.

第五章 《蓝胡子》——血色密室里的焦虑与暴力

除文本互涉和叙事消解外,《蓝胡子的蛋》的另一解构叙事策略是刻意制造的意义延异。延异(différance)是德里达自创的词汇,它与差异(difference)有一个字母的差异,却瓦解了西方形而上学的基本思维机制。延异的一个方面是时间上的延宕化(temporalization),意味着意义的推迟、延缓、迂回、替代等;另一个方面是空间上的距离化(spacing),强调非同质性、他者性、差异性和可辨别性。❶德里达认为延异蕴含于任何文本的阐释之中,然而在《蓝胡子的蛋》中,作者有意制造出一系列的意义延宕、模棱两可和意犹未尽。在这篇小说中文本的意义似有道路可循,但又总是向他处延伸下去,不能到达,也如漂浮于意义大海的能指,由于没有固定所指,而总是漂向另一个能指。

那么,"蛋"的象征意义是否可以确定呢?小说结尾对于蛋的象征意义的开放性阐释进一步表明作者刻意使文本意义延宕的创作意图,对于蛋的解读甚至从某种意义上阐明了小说创作的目的。

> 现在她看到了那只蛋,它不是小小的、冰冷的、苍白的、木讷的,而是比真的蛋大,泛着金粉色的光,安卧在荆棘编织的巢里,柔柔地发出光热,仿佛里面正孕育着一个又红又热的东西。这只蛋简直像是在悸动的样子。赛莉很害怕。她盯着看时,这只蛋的颜色越变越深,成了玫瑰红、猩红色。这是故事中不曾讲到的,赛莉想,这只蛋是活的,总有一天它会孵出什么,然而是

---

❶ DERRIDA J. Margins of Philosophy [M]. Sussex: Harvester, 1982: 8.

什么呢?❶

首先,"蛋"很可能象征赛莉自己的心,可能孕育的是她的某种新的意识。那意识可能是女性的主体意识,象征着她在精神层面摆脱对丈夫的依赖,摆脱对婚姻的焦虑,重获新生,但那意识也可能是更强的依赖感和焦虑感,是女性面临的问题无解的谜团。小说结尾也没有就这个问题给出答案,而是使问题延宕下去。其次,"蛋"还很有可能象征着文本。每个文本都是一个不断孕育新文本的孵化器,正如多个前文本孕育了《蓝胡子的蛋》这个杂糅的文本一样。文本是有生命的,它不断延续,孵化出新的文本,承载新的意义,而文本的意义永远没有终结。从小说前面的叙述推断,以上两种对"蛋"的解读都有合理性但又都不确定。唯一能"确定的"就是"不确定"——引用小说结尾的问题"总有一天它会孵出什么,然而是什么呢"。❷

在后结构主义思潮影响下,当代小说家正在建立一种新的叙事范式,他们对语言能否模仿现实或表征真理深表怀疑,原先的真实世界已经渐行渐远,所谓的真理和终极意义也弥散消解,后现代作家的运思活动开始停留在语言上,世界是文本的世界、语言的世界、象征的世界。他们创作的目的很可能只是一种语言游戏,一种纯粹受语言自身逻辑左右的语言建构。❸《蓝胡子的蛋》是当代小说中后结构主义叙事

---

❶❷ ATWOOD M. Bluebeard's Egg [G] //Ed. TATAR M. The Classic Fairy Tale: Texts Criticism. New York, London: W. W. Norton & Company, 1999: 178.

❸ 盛宁. 人文困惑与反思:西方后现代主义思潮批判 [M]. 北京:生活·读书·新知三联书店, 1997: 61-62.

第五章 《蓝胡子》——血色密室里的焦虑与暴力

范式的一个典型例子，它运用双重叙事的方式解构文本中的多对二元对立项，从文本互涉、叙事消解和意义延异等方面，书写了后现代焦虑的主题。

当代英美小说的叙事发生了从寻求"确定"到表现"不确定"的范式转变，《蓝胡子的蛋》堪称其中典型一例。在这篇短篇小说中，阿特伍德利用双重叙事策略在前文本指涉、情节安排、人物刻画及意象暗指等方面刻意模糊多个二元对立项之间的界限，以造成文本意义的无限悬置。双重叙事既体现为形式上的解构，也表现为主题上的焦虑，两者互为表里：解构性双重叙事包括多重文本间的互涉、传统叙事结构的消解及文本意义的延异；而多重交织的焦虑包括女主人公对婚姻的焦虑、叙事者改写故事时受前文本影响的焦虑，以及读者由于无法确定文本意义而产生的解读焦虑。

阿特伍德的改写本质上仍然是后现代女性主义改写，关注权力话语对女性身体——主体的塑造机制。在形式上该改写文本可以归类为哈钦所定义的"历史编纂元小说"。阿特伍德赋予女主角业余作家的身份，这就使其能够模仿作为权力话语的经典童话的形成机制，探讨经典童话的"真理"建构性，揭示权力话语的非本质性，同时也探讨经典文本的惩戒凝视作用，探索改写文本反凝视的可能性，并以"蛋"为中心意象建构女主人公在写作和生活中，即话语层面和故事层面的双重的主体性。

经典童话《蓝胡子》中权力话语遮蔽或隐藏了这样一些事实——密室代表了女性好奇和不顺从，而蓝胡子的杀戮则是对女性好奇的惩罚。这一故事也呈现出针对女性身体的暴力。此种暴力通过经典童话的传播产生福柯意义上的行刑示众效果，起到驯服女性主体的作用。后现代女性主义改写使这些隐含的意义前台化。阿特伍德的《蓝胡子的蛋》戏仿了权力话语的构成过程，从而消解了权力话语天然真理的属性，以历史编纂元小说的形式消解了终极叙事。卡特的《血淋淋的密室》则放大了隐含在经典童话中针对女性的暴力，揭示经典童话通过虐待身体达到驯服主体的目的。后现代女性主义改写揭示了经典童话中权力、话语、身体、主体之间的有机联系和运作机制，是一种以建立女性主体性为目的的抵抗话语。

结 论

结　　论

　　本书运用以福柯的身体与主体、权力与抵抗为核心概念的后现代女性主义理论阐释了《白雪公主》《灰姑娘》《小红帽》《睡美人》《蓝胡子》等经典童话的部分当代改写，提出后现代女性主义改写一方面致力于揭幕权力话语对女性身体—主体的规训，另一方面力图创造性地书写积极行动的女性身体—主体，两者作为一个有机整体彼此呼应，构成后现代女性主义意义上的探求女性自主性身体—主体的主题。本书还运用了福柯任何抵抗都只能来源于权力内部的观点，解释改写作品中存在的含混，并得出结论——童话改写从总体来说是女性作家在话语领域对以父权为主导的权力关系的抵抗。

　　经典童话具有真正的政治及社会价值，长久以来已经成为人们的"政治无意识"；经典童话具有强大的性别教育功能，影响着人们的自我性别想象；经典童话具有巨大的主体形塑力量，定义了人们与世界的关系。如果说经典童话是权力话语，那么当代改写无疑就是抵抗话语，通过话语的再生产揭示权力话语的动机和运作机制，展现童话作为权力话语的非本质性、生成性和叙述性，揭示"历史"过滤掉不当叙述的过程以及利用文本产生权力关系的机制。经典童话的后现代女性主义改写与传统改写最大的不同在于其明确的女性主义、新历史主义及后结构主义倾向。这种改写现象背后有着深刻的意识形态动机，旨在向"经典""定式""规律""神话"以及种种以"真理"面目出现的权力话语提出质疑和挑战。

　　后现代女性主义童话改写不是简单的颠覆性改写，而是从童话的历史演变入手看童话作为话语为权力服务的功能，同时看到反话语中的含混,对权力话语的不自觉重复,复杂的话语竞技场,深刻影响人对自我的看法。本书探索后现代主义及女性主义之间存在的联系,明确指出后现代主义和女性主义在童话改写实践中的交叉点;详细地回答这些作品作为反话语如何彼此联系;分析作品作为抵抗话语在性别建构方面的主题,探寻这些主题之间的规律,并把改写的内容和形式纳入一个完整的理论框架系统地加以解释。

后现代女性改写是一种政治性写作。语言既是统治的工具,同时也是解放的工具。此种改写不是简单的模仿、去意义的拼贴或中立的审美运动。这种改写的目的是从女性的立场重新解读占主导地位的权力话语、知识体系、意识形态,并提出观点、表达立场、给出建议,通过语言和文化肌理内的变革,改变人们对现有性别价值体系的信仰,开辟权力关系中的新空间,构建开放、平等的新型两性关系。

后现代女性主义童话改写的目的不是要矫正经典童话中的错误,取而代之以"正确"的女性主义版本。因为后现代女性主义改写尽管破坏了旧的规范,并怀疑规范的合法性,却拒绝设定新的标准,认为每个人应该从自己的位置出发书写自己的历史,并相信从不同的地方看到的是不同的世界,因此拒绝任何普遍真理的陈述。后现代主义的戏仿和元叙事目的是要深入到种种问题背后,分析促成知识和主体构成的内在动机、思维框架、意识形态,进而挖掘出导致经典童话中性别身份构建的内在逻辑,同时揭示任何规范的建构性,并提供各种不同规范的可能性,拒绝完成式的真理阐释,因此即使对自己的改写也大多持戏谑、调侃的态度。

经典童话对于女性来说像咒语一样富于"魔力"或"魅

力",起到承载意识形态、规训行为、塑造主体的作用。这样的经典童话是福柯定义的"知识",罗兰·巴特所说的"神话",是一种被"附魅"的权力话语。童话中虽然包含超越时代的叙事结构及心理能量,但它本身决然不是超越时代的,而是载有复杂历史信息和性别价值观的不断被重写的话语。童话改写作为一种批评话语或抵抗话语,蕴涵着积极的、建设性的转换潜能,可以为一种新的童话讲述和身份构建提供借鉴,也有可能促成童话叙事结构的转换,成为探索主体和知识的新的生产方式。在新的意识形态和新的价值判断中,经典童话注定随着权力关系的变化被不断改写。童话在改写中如其他权力话语一样必将被"祛魅"。

参考文献

一、作品文献

[1] ATKINSON K.Human Croquet [M].London: Black Swan, 1998.

[2] ATWOOD M.Bluebeard's Egg [G] //Ed. TATAR M. The Classic Fairy Tale: Texts Criticism. New York, London: W.W.Norton & Company, 1999: 156-178.

[3] ATWOOD M.The Handmaid's Tale [M].Philadelphia: Chelsea House, 2001.

[4] BARTHELMEE D.Snow White [M].New York: Atheneum, 1980.

[5] BARTHELMEE D.Bluebeard [G] //Forty Stories. London: Penguin, 1987: 82-87.

[6] BASILE G.The Young Slave [G] //Ed. TATAR M. The Classic Fairy Tale: Texts Criticism. New York, London: W.W.Norton & Company, 1999: 80-83.

[7] BRONTË C.Jane Eyre [M].New York: Norton, 2000.

[8] BYATT A.S.Possession: A Romance [M].London: Chatto & Windus, 1990.

[9] BYATT A.S.Babel Tower [M].London: Random House, 1996.

[10] CARTER A.The Infernal Desire Machines of Doctor Hoffman (1972) [M].London: Penguin Books, 1994.

[11] CARTER A.Nights at the Circus (1984) [M].London: Vintage Books, 1994.

[12] CARTER A.Ashputtle or The Mother's Ghost: Three Ver-

sions of One Story [G] //Burning Your Boat. London: Random House, 1995: 390-396.

[13] CARTER A.The Bloody Chamber (1979) [C].London: Vintage Books, 1995.

The Bloody Chamber [G].7-41.

The Snow Child [G].91-92.

The Company of Wolves [G].110-118.

[14] CARTER A.The Passion of New Eve (1977) [M].London: Virago Press, 2000.

[15] CARTER A.The Magic Toyshop (1967) [M].London: Virago Press, 2001.

[16] CARTER A.Wayward Girls & Wicked Women: An Anthology of Stories (1986) [C]. London: Virago Press, 1998.

[17] CLAUDIUS M.Der Tod and das Madchen [G] //Werke des Wandsbecker Boten. Schwerin: Petermanken-Verlac, 1957: 106.

[18] DAHL R.Little Red Riding Hood and the Wolf [G] //Ed. TATAR M. The Classical Fairy Tales: Texts Criticism. New York, London: Norton, 1999: 21-22.

[19] DATLOW E., Terri Windling. Snow White, Blood Red [C].New York: Avon, 1993.

[20] DATLOW E., Terri Windling. Black Thorn, White Rose [C].New York: Avon, 1994.

[21] DATLOW E., Terri Windling. Ruby Slippers, Golden Tears [C].New York: Avon, 1995.

[22] DICKENS C. A Christmas Tree [J]. Household Words: A Weekly Journal (21 December 1850): 289-295.

[23] DONOGHUE E. Kissing the Witch [C]. London: Hamish Hamilton, 1997.
The Tale of the Shoe [G].1-10.
The Tale of the Apple [G].43-60.

[24] DU MAURIER D.Rebecca [M].London: Virago Press, 2004.

[25] GERAS A. Watching the Roses [M]. New York: Harcourt Brace, 1992.

[26] JACKSON E.Cinder-Edna [M].New York: Harper Collins, 2007.

[27] KOJA K. I Shall Do Thee Mischief in the Wood [G] // Eds. ELLEN D, WINDLING T. Snow White, Blood Red. New York: Avon Books, 1993: 147-160.

[28] LEE T. Snow-Drop [G] //Eds. DATLOW E., WINDLING T. Snow White, Blood Red. New York: Avon Books, 1993: 105-129.

[29] CARROLL L. Alice's Adventures in Wonderland and Trough the Looking-Glass And What Alice Found There [M]. Ed. HUNT P. Oxford: Oxford UP, 2009.

[30] MINTERS F.Cinder-Elly [M].London: Puffin Books, 1997.

[31] OSBORNE M.P.Sleeping Bobby [M]. New York: Atheneum Books, 2005.

[32] PRATCHETT T. Witches Abroad [M]. London: Corgi, 1996.

[33] RHYS J. Wide Sargasso Sea [M]. New York: W.W.W. Norton, 1999.

[34] SEXTON A.Transformations, The Complete Poems of Anne Sexton. Boston: Houghton and Mifflin, 1981.
Snow White and the Seven Dwarfs [G].224-229.
Cinderella [G].255-258.

[35] VONNEGUT K. Bluebeard [M].London: Random, 1987.

[36] WILLIAMS J.Petronella [G] //Ed. LURIE A. The Oxford Book of Modern Fairy Tales.New York: Oxford U.P., 1993.

[37] YOLEN J.Sleeping Ugly [M].New York: Paperstar, 1997.

[38] 段成式.叶限 [G] //酉阳杂俎.北京:中华书局,1981:107.

[39] 雅各布·格林,威廉·格林.格林童话全集.杨武能,杨悦,译.南京:译林出版社,1993.
灰姑娘 [G]. 83-89;
小红帽 [G]. 99-101;
菲切尔的怪鸟 [G]. 162-164;
玫瑰公主 [G]. 179-182;
白雪公主 [G]. 188-196.

[40] 詹姆士·芬·加纳.政治正确童话:不具歧视和偏见的童话故事 [C].蔡佩宜,译.台中:晨星出版有限公司,2000.

[41] 夏尔·佩罗.鹅妈妈的故事.张小言,译.上海:上海译文出版社,2012.
小红帽 [G]. 1-8;
蓝胡子 [G]. 17-30;
睡美人 [G]. 31-50;
灰姑娘 [G]. 105-122;

美女与野兽［G］．197-228．

二、理论、评论等文献

［42］ ABRAMS M.H.A Glossary of Literary Terms［G］.New York：Holt, Rinehart and Winston, 1985.

［43］ ACKROYD A.,BEN-TOVIN M., MEREDITH C., NEVILLE A.Red Riding Hood［G］//Jack Zipes.The Trials and Tribulations of Little Red Riding Hood.New York and London：Routledge, 1993：251-255.

［44］ LURIE A.The Oxford Book of Fairy Tales［M］.Oxford：Oxford UP, 1993.

［45］ ANDERSON G.Old Tales for New：Finding the First Fairy Tales［A］//Eds.ANDERSON H.F., CHAUDHRI A.A Companion to the Fairy Tale.Cambridge：D.S.［C］Brewer, 2003：85-98.

［46］ ARISTODEMOU M.Fantasies of Women as Lawmakers［A］//Eds.FREEMAN M., LEWIS A.D.E.Law and Literature：Current Legal Issues.Oxford：Oxford UP, 1999：191-218.

［47］ ATWOOD M.True Stories［G］//Eating Fire：Selected Poetry, 1965-1995.London：Virago, 1998.

［48］ AUDEN W.H.In Praise of the Brothers Grimm［J］.The New York Times Book Review, 1994（12）.

［49］ AYRES B.The Emperor's Old Groove：Decolonizing Disney's Magic Kingdom［M］.New York：Peter Lang, 2003.

［50］ BACCHILEGA C.Cracking the Mirror Three Re-Visions of

"Snow White" [J].Boundary, 1989, 15 (3): 1-25.

[51] BACCHILEGA C.Fairy Tales: Gender and Narrative Strategies [M]. Philadelphia: University of Pennsylvania Press, 1997.

[52] BARTH J.The Literature of Exhaustion [A] //Eds.HOFFMAN M.J., MURPHY P.D.Essentials of the Theory of Fiction.Durham: Duke UP, 1996: 273-286.

[53] BARTKY S.L.Foucault, Femininity, and the Modernization of Patriarchal Power [A] //Eds.BURKE P.Critical Essays on Michel Foucault.Aldershot: Scolar, 1992: 174-196.

[54] BAUDRILLARD J.The Consumer Society: Myths and Structures [M].London: Sage, 1998.

[55] BENJAMIN W.Illuminations [M].Ed.ARENDT H.Trans. ZOHN H.Glasgow: Collins, 1977.

[56] BENSON S.Angela Carter and the Literary Marchen[A] // Eds.ROEMER D.M., BACCHILEGA C.Angela Carter and the Fairy Tales.Detriot: Wayne State UP, 2001: 30-58.

[57] BERGER J.Ways of Seeing [M].Harmondsworth: Penguin Books, 1984.

[58] BORDO S.Unbearable Weight: Feminism, Western Culture and the Body [M].Berkley, Los Angeles, London: California UP, 1993.

[59] BOTTIGHEIMER R.B.Grimms' Bad Girls and Bold Boys: The Moral and Social Vision of the Tales [M]. New Haven: Yale UP, 1987.

[60] BROICH U. Ways of Marking Intertextuality [A] //Eds. BESSIERE J. Fiction-Texte-Narratologie-Genre. Proceedings of the 11th Congress of the International Comparative Literature Association. New York: Peter Lang, 1989: 119-129.

[61] BROICH U. Intertextuality [A] //Eds. BERTENS H. International Postmodernism. Amsterdam and Philadelphia: John Benjamins Publishing Company, 1997: 249-256.

[62] BUTLER J. Imitation and Gender Insubordination [A] //Eds. GARRY A., PEARSALL M. Women, Knowledge, and Reality: Explorations in Feminist Philosophy. New York and London: Routledge, 1996: 371-387.

[63] CALINESCU M. Rewriting [A] //Ed. BERTENS H. International Postmodernism. Amsterdam and Philadelphia: John Benjamins Publishing Company, 1997: 243-248.

[64] CARTER A. Nothing Sacred (1982) [C]. London: Virago Press, 1987.
CARTER A. Once More into the Mangle [A]. 38-44.
CARTER A. Poor Butterfly [A]. 44-50.

[65] CARTER A. Colette [M] //London Review of Books. London: Virago Press, 1980: 169-80.

[66] CARTER A. The Sadeian Woman: An Exercise in Cultural History (1979) [M]. London: Virago Press, 2000.

[67] CHAINANI S. Sadeian Tragedy: the Politics of Content Revision in Angela Carter's "Snow Child" [J]. Marvels & Tales, 2003, 17 (2): 212-249.

[68] DARNTON R.The Great Cat Massacre and Other Episodes in French Cultural History [M]. New York: Basic Books, 1984.

[69] DÉGH L.The Nature of Women's Storytelling [A] //Ed. MACDONALD M. R.Tradition Storytelling Today: An International Sourcebook.Chicago and London: Fitzroy Dearborn Publisher, 1999: 580-586.

[70] DERRIDA J.Margins of Philosophy [M].Sussex: Harvester, 1982.

[71] DOWLING C.The Cinderella Complex: Women's Hidden Fear of Independence [M]. New York: Simon & Schuster, 1981.

[72] DREYFUS H.L., RABINOW P.Michel Foucault: Beyond Structuralism and Hermeneutics [M].Chicago: Chicago UP, 1983.

[73] ERIC B.What Do You Say After You Say Hello? The Psychology of Human Destiny [M].New York: Grove, 1972.

[74] FOUCAULT M.Discipline and Punish: the Birth of the Prison [M]. Trans. SHERIDAN A. New York: Vintage Books, 1979.

[75] FOUCAULT M.The History of Sexuality: Volume I: An Introduction [M].Trans.HURLEY R.New York: Vintage Books, 1980.

[76] FOUCAULT M.The Foucault Reader [M].Ed.RABINOW P.New York: Pantheon House, 1984.

[77] FOUCAULT M. Power/Knowledge: Selected Interviews and

Other Writings 1972-1977 [C]. Ed. GORDON C. Trans. MARSHALL L., MEPHAM J., SOPER K. Sussex: The Harvester Press, 1988.

[78] FOUCAULT M. Ethics: Subjectivity and Truth [A] //Ed. BABINOW P., HURLEY R. and others. Essential Works of Foucault 1954-1984. New York: The New Press, 1997.

[79] FOWELS J. The Collector [M]. London: Jonathan Cape, 1963.

[80] FRANZ M. V. The Interpretation of Fairy Tales [M]. Boston and London: Shambhala, 1996.

[81] FREUD S. Studies on Hysteria [A] //Trans. STRACHHEY J. The Standard Edition of the Complete Psychological Works of Sigmund Freud (1893-1895). London: Hogarth, 1981.

[82] GALLAGHER B. The Expanded Use of Simile in Anne Sexton's Transformations [A] //Ed. COLBURN S. E. Anne Sexton: Telling the Tale. Ann Arbor: The University of Michigan Press, 1988: 257-262.

[83] GARNER J. F. Good Things about Trump Disaster [EB/OL]. [2017-02-10]. http://jamesfinngarner.com/archives/category/politics.

[84] GILBERT S. M., Susan G. Snow White and Her Wicked Stepmother [A] //Ed. TATAR M. The Classic Fairy Tale: Texts Criticism. New York, London: W. W. Norton & Company, 1999: 291-297.

[85] GILBERT S. M., SUSAN G. The Madwoman in the Attic:

The Woman Writer and the Nineteenth-Century Literary Imagination: 2nd ed [M].New Haven and London: Yale UP, 2000.

[86] HAFFENDEN J. Novelists in Interview [M]. London: Methuen & Co.Ltd, 1985.

[87] HALL C.K.B.Anne Sexton [M].Boston and Massachusetts: G.K.Hall &Co., 1989.

[88] HARRIES E.W.Twice Upon a Time: Women Writers and the History of the Fairy Tale [M].New Jersey: Princeton UP, 2001.

[89] HASSE D.Feminist Fairy-Tale Scholarship [A] //Ed. HASSE D.Fairytales and Feminism.Detriot: Wayne State UP, 2004: 1-36.

[90] HOLLISS R., BRIAN S.Walt Disney's "Snow White and Seven Dwarfs" and the Making of the Classic Film [M]. New York: Simon and Schuster, 1987.

[91] HUTCHEON L. A Theory of Parody: The Teachings of Twentieth - Century Art Forms [M]. New York and London: Methuen, 1985.

[92] HUTCHEON L.A Poetics of Postmodernism [M].New York and London: Routledge, 1988.

[93] HUTCHEON L.Canadian Postmodernism: A Study of Contemporary English—Canadian Fiction [M].Oxford: Oxford UP, 1988.

[94] HUTCHEON L.The Politics of Postmodernism [M].New York and London: Routledge, 1989.

[95] IRIGARAY L.This Sex Which Is Not One [M].Catherine Burke, Trans. Ithaca: Cornell UP, 1985.

[96] JAMESON F.Postmodernism and Consumer Society, Postmodernism and Consumer Society [A] //The Cultural Turn: Selected Writings on the Postmodern 1983-1998.London and New York: Verso, 1998: 1-20.

[97] JONES S.S.The New Comparative Method: Structural and Symbolic Analysis of "Snow White" [M].Helsinki: Academic Scientiarum Fennica, 1990.

[98] KAISER M.Fairy Tale as Sexual Allegory: Intertextuality in Angela Carter's *The Bloody Chamber* [J]. Review of Contemporary Fiction, 1994, 14 (3): 30-36.

[99] KNAPP M.A Review of Bluebeard's Egg and Other Stories [J].World Literature Today, 1987 (4): 629-630.

[100] KOLBENSCHLAG M. Kiss Sleeping Beauty Goodbye: Breaking the Spell of Feminine Myths and Models [M]. New York: Bantam Books, 1981.

[101] KRISTEVA J. Wood, Dialogue and Novel [A] // Ed. MOI T.The Kristeva Reader.Oxford: Blackwell, 1986.

[102] LAPPAS C. Seeing is Believing, But Touching Is the Truth: Female Spectatorship and Sexuality in "The Company of Wolves"[J].Women's Studies, 1996, 25 (2): 115-136.

[103] LIEBERMAN M. "Some Day My Prince Will Come": Female Acculturation Through the Fairy Tale [A] //

Ed. ZIPES J. Don't Bet on the Prince: Contemporary Feminist Fairy Tales in North America and England. New York: Routledge, 1989: 185-200.

[104] MACDONALD M.R. Fifty Functions of Storytelling [A] // Ed. MACDONALD M. R. Tradition Storytelling Today: An International Sourcebook. Chicago and London: Fitzroy Dearborn Publisher, 1999: 408-415.

[105] MANLEY K.E.B. The Woman in Process in Angela Carter's "the Bloody Chamber" [A] //Eds. ROEMER D. M. , BACCHILEGA C. . Angela Carter and the Fairy Tales. Detriot: Wayne State UP, 2001: 83-93.

[106] MAYNARD M, JAN W. Women, Violence and Male Power [A] //Eds. ROBINSON V. , RICHARDSON D. Introducing Women's Studies. Houndmills, London: Macmillan, 1997: 175-197.

[107] MCLAUGHLIN B. Perverse Pleasure and Fetishized text: the Deathly Erotics of Carter's "The Bloody Chamber" [J]. Style, 1995, 29 (3): 404-423.

[108] MIKKONEN K. The Hoffman (n) Effect and the Sleeping Prince: Fairy Tales in Angela Carter's *The Infernal Desire Machines of Doctor Hoffman* [A] //Eds. ROEMER D. M. , BACCHILEGA C. Angela Carter and the Fairy Tales. Detriot: Wayne State UP, 2001: 167-186.

[109] MILLETT K. Sexual Politics [M]. New York: Doubleday & Company, 1970.

[110] MOORE R. From Rags to Witches: Stereotypes, Disto-

rtion and Anti-Humanism in Fairy Tales [J] //Interracial Books for Children Bulletin 6.7 (Winter 1975): 1-3.

[111] MULVEY L. Visual Pleasure and Narrative Cinema [A] // Eds. WARHOL R. R. , HERNDL D. P. Feminisms: An Anthology of Literary Theory and Criticism. New Brunswick: Rutgers UP, 1997: 438-448.

[112] NEALON J. T. Disastrous Aesthetics: Irony, Ethics, and Gender in Barthelmee's "Snow White" [J]. Twentieth Century Literature, 2005, 51 (2): 123-144.

[113] ORENSTEIN C. Little Red Riding Hood Uncloaked: Sex, Morality, and the Evolution of a Fairy Tale [M]. New York: Basic Books, 2002.

[114] OSTRIKER A. The Thieves of Language: Women Poets and Revisionist Mythmaking [J]. Signs, 1982, 8 (1): 68-90.

[115] PERRAULT C. The Fairy Tales of Charles Perrault [C]. Trans. CARTER A. London: Victor Gollancz, 1977.

[116] PETERSON N. J. "Bluebeard's Egg": Not Entirely a 'Grimm' Tale. [A] //Eds. MENDEZ - EGLE B., HAULE J. M. Margaret Atwood: Reflection and Reality. Edinburg: Pan American, 1987: 1-15.

[117] PHILIP N. Creativity and Tradition in the Fairy Tale [A] //Eds. DAVIDSON H. E. , CHAUDHRI A. A Companion to the Fairy Tale. Cambridge: D. S. Brewer, 2003: 39-55.

[118] RICH A.Compulsory Heterosexuality and Lesbian Existence [A] //Ed. RICH A. Blood, Bread, and Poetry: Selected Prose 1979-1985. New York: Norton, 1994: 23-75.

[119] RICHARDSON D.Sexuality and Feminism [A] //Eds.ROBINSON V., RICHARDSON D.Introducing Women's Studies. Houndmills, London: Macmillan, 1997: 152-174.

[120] ROEMER D. M., CRISTINA B. Introduction [A] // Eds.ROEMER D. M., BACCHILEGA C.Angela Carter and Fairy Tale. Detroit, Michigan: Wayne State UP, 2001: 7-26.

[121] ROWE K.Feminism and Fairy Tales [A] //Ed.ZIPES J. Don't Bet on the Prince. New York: Routledge, 1989: 209-226.

[122] RUDIN M.There Is Something about a Martini [J].American Heritage, July/August 1997: 32-45.

[123] SAGE L. Women in the House of Fiction: Post-War Women Novelists [M]. Hampshire and London: Macmillan, 1992.

[124] SELLERS S. Myth and Fairy Tale in Contemporary Women's Fiction [M].Houndmills: Palgrave, 2001.

[125] SHIPPEY T. Rewriting the Core: Transformations of the Fairy Tale in Contemporary Writing [A] //Eds.DAVIDSON H. E., CHAUDHRI A. A Companion to the Fairy Tale. Cambridge: D.S.Brewer, 2003: 253-274.

[126] SHOWALTER E.Twenty Years on: "A Literature of Their Own" Revisited [J]. *A Forum of Fiction* 31 13th An-

niversary Issue: Ⅲ. (Summer, 1998): 399-413.

[127] SHOWALTER E. A Literature of Their Own: British Women Novelists from Bronte to Lessing [M]. Beijing: Foreign Language Teaching and Research Press and Princeton UP, 2004.

[128] SMITH P. K. The Postmodern Fairytale: Folklore Intertexts in Contemporary Fiction [M]. New York: Palgrave, 2007.

[129] SOBOL J. The Storytelling Revival [A] //Ed. MACDONALD M. R. Tradition Storytelling Today: An International Sourcebook. Chicago and London: Fitzroy Dearborn, 1999: 552-558.

[130] STONE K. Romantic Heroines in Anglo-American Folk and Popular Literature [D]. Indiana University, 1975.

[131] TALAIRACH-VIELMAS L. Moulding the Female Body in Victorian Fairy Tales and Sensation Novels [M]. Hampshire and Burlington: Ashgate, 2007.

[132] TATAR M. Off Their Heads!: Fairy Tales and the Culture of Childhood [M]. New Jersey: Princeton UP, 1992.

[133] TATAR M. The Hard Facts of the Grimms' Fairy Tale [M]. Princeton: Princeton UP, 2003.

[134] TOLKIEN J. R. R. The Tolkien Reader [M]. New York: Ballantine, 1966.

[135] TUCKER L. Introduction [A] //Ed. TUCKER L. Critical Essays on Angela Carter. New York: G. K. Hall & Co.,

1998: 1-23.

[136] UTHER H‑J. Indexing Folktales: A Critical Survey [J]. Journal of Folklore Research, 1997, 34 (3): 209-220.

[137] WAELTI‑WALTERS J. Fairy Tales and The Female Imagination [M]. Montreal: Eden, 1992.

[138] WARNER M. From the Beast to the Blonde: On Fairy Tales and Their Tellers [M]. London: Vintage, 1995.

[139] YOUNG V. Review of Transformations [A] //Ed. COLBURN S. E. Anne Sexton: Telling the Tale. Ann Arbor: The University of Michigan Press, 1988: 255-256.

[140] ZIOLKOWSKI J. M. Fairy Tales from Before Fairy Tales [M]. Ann Arbor: The University of Michigan Press, 2007.

[141] ZIPES J. Fairy Tales and the Art of Subversion: the Classic Genre for Children and the Process of Civilization [M]. New York: Wildman Press, 1983.

[142] ZIPES J. A Second Gaze at Little Red Riding Hood's Trials and Tribulations [A] //Ed. ZIPES J. Don't Bet on the Prince: Contemporary Fairy Tales in North America and England. New York: Routledge, 1989: 227-231.

[143] ZIPES J. The Great Fairy Tale Tradition: From Straparola and Basile to the Brothers Grimm [M]. New York, London: Norton, 2001.

[144] ŽIŽEK S. Looking Awry: An Introduction to Jacques Lacan through Popular Culture [M]. Cambridge: M. I.

T., 1991.

[145] 布鲁诺·贝特尔海姆.童话的魅力 [M].舒伟,丁素萍,樊高月,译.北京:社会科学文献出版社,2015.

[146] 弗罗姆.被遗忘的语言 [M].郭乙瑶,宋晓萍,译.北京:国际文化出版公司,2001.

[147] 希利斯·米勒.解读叙事 [M].申丹,译.北京:北京大学出版社,2002.

[148] 穆杨.Sexton《灰姑娘》中的消费社会 [J].山东外语教学,2006(5):17-21.

[149] 穆杨.当代童话改写与后现代女性主义 [J].外语与外语教学,2010(2):93-96.

[150] 穆杨.解构与焦虑:评《蓝胡子的蛋》之双重叙事策略 [J].外语与外语教学,2013(6):93-96.

[151] 穆杨.揭示"权力之眼"——评当代戏仿对白雪公主母题的瓦解 [J].外国文学,2015(1):62-70.

[152] 普罗普.故事形态学 [M].贾放,译.北京:中华书局,2006.

[153] 盛宁.人文困惑与反思:西方后现代主义思潮批判 [M].北京:生活·读书·新知三联书店,1997.

[154] 马克斯·韦伯.新教伦理与资本主义精神 [M].于晓,陈维纲,等,译.上海:三联书店,1987.

[155] 席勒.皮柯洛米尼父子 [G] //张玉书选编,张玉书、章鹏高,译.席勒文集·戏剧卷.北京:人民文学出版社,2005:421-576.

[156] 杨宪益.译余偶拾 [M].济南:山东画报出版社,2006.